KB261634

한 분, 삼위이신 나의 하느님

한 분, 삼위이신 나의 하느님
2011년 9월 초판
옮긴이 · 이현미 | 펴낸이 · 이형우

ⓒ 분도출판사

등록 · 1962년 5월 7일 라15호
718-806 경북 칠곡군 왜관읍 왜관리 134의 1
왜관 본사 · 전화 054-970-2400 · 팩스 054-971-0179
서울 지사 · 전화 02-2266-3605 · 팩스 02-2271-3605
www.bundobook.co.kr
ISBN 978-89-419-1114-2 03230
값 9,500원

한 분, 삼위이신 나의 하느님

그리스도인의 모범이신 삼위일체

주세페 마르코 살바티 지음

이현미 옮김

분도출판사

이제부터 삼위일체이신 하느님의 신비를 열 장에 걸쳐 다룰 것이다. 꼭 필요한 엄정성과 정확성을 견지하면서도 쉽고 꾸밈없는 문체로 이야기를 풀어 가려 한다.

독자들이 원한다면 더 깊이 연구할 수 있도록 주제와 관련된 핵심 연구 자료들을 제시하여 각 주제를 고찰했다.

이제 보게 되겠지만 여기서 신학적 문제들을 다룰 때, 하고많은 복잡한 전망 중에서도 기본 요소만을 고려했다. 문제의 대상은 그리스도교 하느님의 실재다. 그리고 논제를 선택하면서 두 가지 기준을 세웠다. 우선 교회가 선포하고 우리에게 전해 준 신앙의 기원과 의미를 밝히는 것, 다른 한편으로는 아버지-아들-성령이신 하느님을 믿는 데서 따라오는 부차적 효과를 설명하는 것이다.

　　이 책이 풍부한 결실을 맺고 유용한 역할을 하기를 바라면서 결과는 독자들에게 맡긴다. 무릇 하느님에 대한 온갖 말이 그러하듯 이 책의 모양새도 언제나 부끄러운 말더듬으로, 또 형언할 길 없는 그분을 전하는 제한된 도구로 남을 것이다. 그러나 책이 갖춘 모양새 때문이 아니라 책이 다루는 주인공으로 인해 그 열매가 풍부하리라 믿는다. 아버지-아들-성령이신 우리 구원자, 탁월하고 모든 것의 중심이며 근본이신 그분이 바로 주인공이시기에 ….

주세페 마르코 살바티

■ 차례 ■

1장 하느님을 말하다

들어가며

지금부터 인간에게 가장 높고 중심이 되는 근본적 실재를 고찰하게 된다. 바로 한 분이며 삼위이신 우리 하느님이시다. 그분은 사랑과 본질에서 한 분이시고 아버지-아들-성령으로 사랑의 공동체를 이룬 삼위이시니, 이 사랑의 공동체는 모든 피조물에게 빛과 사랑을 주시며 존재하는 모든 것의 존재 원리, 여정의 동반자, 그리고 최종 목적이 되신다.

그럼 그분에 대한 일련의 주요 주제들, 몇몇 실재와 진리를 마음과 지성을 다해 한 번 깊이 생각해 보도록 하자. 이것은 우리 믿는 이들의 삶에서 결정적으로 중요한 문제다. 뿐만 아니라 모든 시대와 장소를 통틀어 어느 누구에게나 중요하다.

'마음과 지성을 다해' 혹은 열렬하면서도 동시에 엄격한 방법으로 고찰해 나갈 것이다. 하느님을 말할 때 그 누구도 냉정하거나 초연하게, 아니면 피상적이고 애매모호하게 임할 수는 없다. 조심성도 열정도 없이, 심층에서부터 자신을 하느님께 붙들어 매지 않은 채 '신-학theo-logia적 논의'(하느님에 대한 논의)에 임한다면 이는 하느님께 합당하지 않을뿐더러 인간에게도 마땅치 않은 처사라 하겠다.

1. 믿는 이들이 하느님을 말하다

그러나 이렇게 물어볼 수는 있다. 하느님을 말한다, 하느님을 논한다, 하느님을 고찰한다는 것이 무슨 의미냐고, 우리는 이미 그분을 믿고 있지 않냐고 …. 평소에 생각할 때 우리는 하느님에 대한 신앙이란 하느님에 대한 깊은 고찰의 필요성을 모조리 배제하는 것이라고 여긴다. '하느님을 믿으면 그걸로 충분하다'고들 이야기한다. 요컨대 우리가 신앙인으로서 긍정하고 확신하는 것들을 지성을 사용해 탐구하려는 시도는 쓸데없고 무익하며 전적으로 위험하기 짝이 없다는 식이다.

그런데 그리스도교 하느님의 위대하고도 사랑스러운 신비를 열정과 엄격함을 다해 파헤쳐 보려는 바람은 자발적으로 생겨난 것이다. 아버지, 아들, 성령께서는 사유의 대상이나 연구의 대상이 되기 전부터 이미 믿는 이들에게는 최고의 실재였다. 그러므로 모든 일이 삼위일체이신 하느님의 사랑 가득한 마음과 그 품에서 일어나며, 그분이 온 실재와 역사가 다다르는 도달점이라는 사실에서부터 모든 것이 시작된다.

더구나 우리 믿음에 따르면 이 삼위일체이신 분은 한없는 선하심으로 능동적 '주체'가 되고자 하셨다. 인간에게 스스로를 자유로이 드러내어 알려 주시는 주인공이 되신 것이다. 바로 '계시'라는 이름으로 이 일이 이루어졌다. 계시는 인간에게 새로운 체험의 기초를 제공한다. 우리가 잘 아는 것처럼 이 새로운 체험의 특징은 경이로운 신앙의 체험, 타오르는 희망의 체험, 삶의 최고 법으로서 사랑을 택하는 것, 그리고 마침내는 실제로 '지금 여기서'hic et nunc 신적 생명에 참여한다는 아득하게 놀라운 진리의 체험이다.

삼위이신 '한 가족'이 피조물인 우리네 인간 삶 안에 들어오셨다. 그로 인해 지존하신 그분과 역사 사이에 살아 있는 만남이 이루어졌다. 이것을 본다면 '생각을 통해 체험을 표현해 내고자' 하는 믿는 이들의 요구는 근거가 있는 것이다. 사실 모든 체험은 두 차원을 지닌다. 하나는 삶 안에서 이루어지는 구체적이고 개인적인 참여의 차원, 곧 실제로 거기에 자신이 얽혀 있는 차원이다. 다른 하나는 인식의 차원으로, 살아온 체험을 돌이켜 봄으로써 이루어진다. 예를 들어 보자. 우리는 자주 인간의 선함 또는 비참함을 '체험했노라'고 말한다. 우리가 그것을 보았든지, 선하거나 비참한 상황에 구체적으로 얽혀 있었음을 나타내는 표현이다. 다른 한편으로는 우리가 인간에 대한 '진실'을 알게 되었음을 드러내 주는 표현이기도 하다. 인간은 선한 행동을 할 능력이 있지만 인간으로서 덜 가치 있는 행동을 할 수도 있다는 것이 바로 그 진실이다. 어원을 부연설명하면서 체험에 대한 고찰을 마무리 지을 수 있겠다. '체험'esperienza이란 단어는 의미론상 '통과하여 지나가다'라는 뜻의 그리스어 동사 *'peíro'*와 어근이 같은데, 이 동사는 직접적으로 상황, 실험, 행위를 가리킨다. 보통 우리는 구체적 상황이나 실험 행위를 통해서 어떤 개념에 이르게 된다. 따라서 앞의 그리스어 동사는 이런 의미에서 '시험을 통해 도달하게 되는 결과', 인식 또는 진리의 총체를 의미하기도 한다. 여기서 한 가지 주목할 점이 있다. 체험의 특징 가운데 하나는, 체험 자체는 그것을 표현하려는 어떤 시도보다도 항상 더 풍부하다는 것이다. 이 특징 때문에 우리는 체험을 계속 되살려 이야기할 수 있고 상징을 통해서 나타낼 수 있으며 거듭거듭 숙고

할 수 있다. 하나의 체험을 계속해서 고찰할 수 있는 것이다.

또 있다. 성경에서는 '체험'이 매우 의미심장한 단어로 표현된다. '맛들이다', '음미하다'[『성경』(한국 천주교 주교회의 2005)에는 '맛보다'로 번역되어 있다 — 옮긴이 주]라는 표현이 그러하다. 따라서 그리스도교란, 어떤 사람이 나자렛 사람 예수와 맺는 '생생하게 맛들일 수 있는 관계'를 의미한다고 할 수 있겠다. 그들은 '아빠'Abbà이신 아버지 하느님과 인격적이고 친밀한 관계를 맺는 이들이며 그분을 알고 참으로 구원받게 될 이들이다. 초대교회 공동체의 이 같은 체험은 이해·심화와 증언을 통해 확실해지고 삶과 신앙고백을 통해 전수되었다. 이는 해방을 가져다주는 그리스도의 현존과, 그리스도와 그분의 하느님에 대한 동의가 영원토록 거듭 실현된다는 의미에서 그렇다. 그리고 이 체험은 시간이 흐름에 따라 다른 많은 이의 체험의 원천이 된다. 삶을 통해 하느님을 지속적으로 체험하게 하고, 그 체험에 대해 생각하게 만들고, 믿는 이들의 마음과 지성에 도전하고 부추기며, 부단히 '신학'에 정진하거나 하느님에 대해 끊임없이 말하게 한다.

예수 그리스도 안에서 당신을 계시하신 하느님을 체험함으로써 우러난 이 같은 신앙의 도전을 수락하려면 우리는 우선 한 가지 명확한 사실로부터 출발하게 된다. 모든 시대에 걸쳐 인간은 '신적 존재'의 실재와 본성, 의미에 대해 질문을 던져 왔다는 사

실이다. 하느님의 이 '신성'은 인간존재의 시초부터 하나의 문제
이자 토론 주제였다. 이 사실은 고고학, 문학, 철학이 증언하는
바다. 아울러 우리 시대에도 하느님에 대한 질문은 심오한 반성
의 대상이 되고 있다. 종교적 신앙을 고백하는 이들 편에서뿐 아
니라 종교 밖의 사람들 편에서도 하느님에 대한 질문은 언제나
존재해 왔다.

사실상 인간은 까마득한 시초부터 하느님에 대한 질문을 제
기해 왔고 앞으로도 영원히 그러할 것이다. 그런데 이 질문에 대
해 교회 공동체는 스스로 어떤 정확한 답을 줄 수 있다고 '주장'
한다. 인격적이고 초월적이면서도 가까이 계시는 하느님이 존재
하신다는 주장, 그분은 유일한 한 분이시면서 아버지와 아들과
성령으로 구별되는 세 위격의 형언할 길 없는 친교로서 본성과
사랑 안에서 오직 하나이신 분이라는 주장, 또한 그분은 창조자
시며 모든 존재하는 것의 주님이시고, 그분이야말로 모두를 위
해 왕을, 섭리로 예정된 구세주를 세우신 분, 인간과 역사의 중
심이시라는 주장이다.

그렇지만 이러한 단언들이 탐구에 대한 인간의 열망과 궁극
적 해답을 찾으려는 원의를 진정시키지는 못한다. 따라서 믿는
이들의 공동체는 이러한 확신에 찬 말들을 넘어 더 나아가야 하
며 더욱 풍부하고 심도 있게 이 문제를 논해야 할 필요성을 느낀

다. 바로 이것이 하느님에 대해 도저히 말하지 않을 수 없음을 자각하게 한다. 곧 '신-학'을, '하느님에 대해 말하는 학문'theologia을 해야 할 필요성을 깨닫는 것이다.

그러므로 지금부터 하느님을 주제로 하여 고찰해 나가면서 우리도, 말하자면 '빛을 향한 순례'에 나서게 될 것이다. 신앙의 빛 속에서, 수고스럽지만 즐겁게 특별한 목적지를 향해 여행하는 나그네가 될 것이다. 그 목적지는 하느님이 주신 선물의 아름다움과 부요함을 '풍부하게 맛들이는 것'이다. 우리의 이 모든 고찰이 하느님 생명의 드높은 신비를, 그 위대함과 심오함을 불타오르는 열정으로 관상하는 것이 되도록 바라자.

2. 하느님에 대한 말과 침묵

하느님에 대해 탐구하기에 앞서, 우리 믿는 이들의 뇌리에 퍼뜩 떠오르는 질문에 우선 대답해야겠다. 하느님에 대한 '인간적' 논의를 왜 해야 하는 걸까? 하느님에 대해 입을 떼기보다 다만 흠숭을 드리고 말을 삼가는 것이 더 이치에 맞지 않을까? 우리를 무한히 능가하는 실재이신 그분을 문제로 삼기보다는 단순하고 겸손하게 하느님을 우리네 삶 안에 모시고 그분은 우리로서는 이해 불가한 분임을, 알 수 없는 분이며 말로 다 할 수 없는 분임을 선언하는 편이 더 낫지 않을까?

이런 의견은 초기 그리스도교의 몇몇 위대한 신학자에게서 비롯되었다. 그들은 매우 강경한 어조로 하느님의 신비는 '형용할 수 없음'을, 인간이 하느님에 대해 낱낱이 표현하기란 불가능함을 환기시켰다. 시리아인 에프렘St. Ephraem diaconus Syrus(306년경~373년)은 말한다.

> 모든 이성적 피조물의 창조주이신 분은 온갖 논증을 뛰어넘는다. 인간에게 이해 불가능할 뿐 아니라 천사들조차도 그분을 알 수 없다. 피조물 자신의 인식 능력으로는 자신을 창조하신 분에 대해 말할 수준이 되지 못하며 더군다나 그 자신이 어떻게 지어졌는지도 설명해 낼 수 없다. 자신의 기원도 알지 못하는데, 어떻게 자신의 창조주에 대해 말할 수준에 있겠는가? 지성은 자기 창조주의 드높으심에 이를 수 없고 탐구자의 탐구는 단연코 그 수준 아래에 머물 뿐이다.[1]

다시 말하면 하느님에 대해 침묵하는 것이 피조물인 인간에게 더 적합한 태도일 수 있으며 특히 신앙인에게는 더더욱 그러하다는 것이다.

그렇지만 믿는 이들의 마음과 정신은 입을 다무는 것으로는 채워지지 않는다. 신앙인은 더 나아가야 하며, 그분에 대해서 겸손하면서도 용기 있는 말마디를 찾아내야 할 필요성을 느낀다. 그분은 피조물과 무한히 다른 분이시되, 모든 존재하는 것의 기원이요 그들이 어우러지는 품속이며 목적이 되신다. 그러므로 성 토마스 아퀴나스의 말은 정당하다. "하느님은 침묵을 통해서 영광을 받으신다. 이것은 그분에 대해 아무것도 말하지 않는다거나 궁구하지 않기 때문이 아니라, 우리가 언제나 그분 존재에 상응하는 이해에 도달하지 못하고 이편에 남아 있다는 것을 알기 때문이다."[2] 바꿔 말해 신앙인이라면 탐구해야 하고 신학적으로 사유해 나가야 한다. 우리에게 침묵은 출발점이 아닌 종착점이 되어야 한다. 지레 포기해서는 안 된다. 오랜 노력 끝에 성숙한 의식적 선택의 결과로 침묵에 이르러야 한다. 오로지 탐구의 막바지에 가서야 흠숭 가득한 침묵이 필요하게 될 것이고 아버지, 아들, 성령의 친교인 한 분 하느님의 신비를 바라보는 열정 어린 관상에 다다를 것이다.

하느님에 대해 말하려는 온갖 시도와 그분을 이해하고자 하는 노력에는 어떤 동기가 있을까? 그것은 바로 믿는 이에게 '인식의 출애굽'을 유발시키는 신앙 자체다. 교황 바오로 6세 말대로, "신앙은 어떤 정지 상태가 아니라 신적 진리를 향한 발걸음"[3]으로, 신앙인을 '지극히 높으신 분을 향한 순례자'가 되게 한다.

실상 신앙은 초이성적 진리를 받아들이는 것이요, 당신 자신을 계시하시는 하느님에 대한 의지와 지성의 순종이다. 믿는다는 것은 그 믿음의 대상을 부분적으로나마 소유함을 내포한다. 그 부분적 소유로부터 믿고 있는 그분을 완전히 소유한다는, 지복 직관 안에서만 이루어질 희망이 자연스레 생겨나는 것이다. 그러는 동안 믿는 이는 역동성과 원의, 거부할 수 없는 절박함과 탐구의 열망을 지니게 된다. 이처럼 신앙은 신앙을 체험하는 인간을 '추구하는 인간'homo quaerens이 되게 한다. 하느님에 대한 인식과 관련하여 볼 때 신앙이란 절대적 명증성과도 구별되고 순전한 무지와도 다르다. 이는 확실한 직관도 아니고 완전한 어둠도 아니다. 빛과 그늘 사이의 긴장이다. 이것이 바로 믿는 이들이 질문을 던지는 것이 어째서 당연한지, 그들이 왜 빛에 목말라하는지를 설명해 주는 이유다. 그리고 신학은 빛을 향한 순례자로서 '언제나 추구하고 있는'semper quaerentes 교회와 믿는 이들의 초조한 질문에 강력한 해답이 되어 준다.

신앙의 긴장이라는 상황에서 생겨난 당연한 결과로서 이러한 탐구에 임할 때 기도는 믿는 이에게 반드시 필요하다. 이때의 기도는 '자신이 믿고 있는 분과의 살아 있고 생생한 인격적 일치를 목말라하는 것'이라 할 수 있겠다. 4세기 교부 폰투스의 에바그리우스Evagrius Ponticus는 이렇게 단언한다. "그대가 신학자라면 진정으로 기도할 것이요, 진정으로 기도한다면 그대는 신학자다."[4] 또 '신학자는 기도를 아는 사람'이라고 교부들은 말했다. 1970년 선종한 동방교회 신학자 파벨 에브도키모프Pavel Evdoki-mov가 말한 것처럼, "자신의 신앙이 본질적으로 하느님과의 인격적 만남을 살아가는 것이 아니라면, 그 누구도 참된 신학자나 그리스도의 제자가 아니다".[5] 신학과 기도는 필수 불가결하게 함께 간다. 그 둘은 서로 다른 방법으로, 자유로운 자기 계시를 통하여 인간을 매혹하는 사랑이신 하느님을 만나고픈 갈망을 표현한다.

결론은 이렇다. 그분은 오로지 우리가 인식할 수 있을 뿐 결코 완전히 소유할 수 없다. 신앙은 그런 하느님에 대한 더욱 위대한 인식과 경험을 찾아 움직여 나간다.[6] 그리스도인의 하느님은 언제나 마음과 지성을 다해 찾아야 하는 분이다. 끊임없는 탐구와 항구한 기도는 믿는 이들의 삶을 특징짓는다.

더 나아가 신앙은 성찰을 촉구한다. 신앙은 하느님의 실재와 그분이 인간을 위해 이루신 구원 계획의 신비를 향해 열려 있다. 계시된 하느님이라는 광채와 아름다움의 깊디깊은 심연은 믿는 이들을 거역할 수 없는 강한 힘으로 매혹하고, 그들 안에 간절한 탐구의 원의를 일으킨다. 이 탐구의 원의가 정당한 이유는 다음과 같은 사실을 깨닫기 때문이다. 즉, 하느님이 우리네 삶에 들어오신 까닭에 어떤 의미에서 그분은 당신 자신을 우리에게 내맡기신 것이다. 그분은 우리의 공간과 시간, 우리의 지성이라는 환경에 들어오셨다. 그분은 그렇게 당신에 대해 말할 수 있는 권한을 우리에게 주셨다. 하느님이 인간에게 미지의 존재로 남아 있기를 원하셨다면 우리 인간 삶에 들어오지 않으셨을 테고 당신 자신을 계시하지도 않으셨을뿐더러, 당신을 문제 삼는 수준에 인간을 올려놓거나 당신을 알 수 있는 능력을 주시지도 않으셨을 것이다.

또 한 가지 고려할 점은, 신앙 안에서 인간은 하느님과 우정을 맺고,[7] 최고선이신 그분과의 친교에 들어가며 그분을 체험한다는 사실이다. 무릇 사랑스러운 어떤 실재를 알면 알수록 더 사랑하기 마련이고, 그렇게 사랑할수록 더 알고 싶기 마련이다. 그러므로 신앙도 그런 과정의 도화선에 불을 붙이고 그 안에서 인식과 사랑이 서로 자극받고 성장하는 한편 그 반대 과정도 진행된다. 이리하여 신앙은 인식을 요청하게 되고 인식은 신앙을 성장하게 한다. "알기 위해 믿고, 믿기 위해 안다"crede ut intellegas, intellege ut credas(성 아우구스티누스).

하느님을 믿는 이는 그분에 대해 말하기를 사랑한다. 그는 자신이 개인적으로 이 논의에 연루되어 있음을 느낀다. 다시 말해 믿는 이에게 있어 하느님을 말한다는 것은 인간과 역사와 모든 실재를 위하여 결정적으로 중요한 분에게 관여한다는 의미다. 삼위이신 하느님은 '우리' 창조주이시며 '우리' 구원자이시다. 그분을 말함은 곧 우리에 대해 말함이다. 성 토마스 아퀴나스는 "하느님의 위격들에 대한 인식은 창조에 대해서 또는 특히 구원에 대해서 올바르게 생각하기 위해 필요하다"[8]라고 했다. 하느님에 대해 말하는 것은 역사의 진정한 의미를 탐구하는 것이기도 하다. 그리스도인들의 하느님은 그저 세상이 흘러가는 대로 지켜보기만 하는 냉담한 방관자가 아니다. 예언자들을 통해 자비로이 당신 자신을 계시하시고 구원사의 주역이 되셨으며, 예수 그리스도 안에서 사람이 되시어 모든 이를 죄악에서 해방시키시고 찬란한 완성을 향해 역사를 계속해서 이끌고 계시는 분이다. 따라서 하느님에 대해 숙고하는 이는 그저 인류 역사와는 아무런 관련 없는 천상 신비를 사유하는 것이 아니다. 하느님에 대해 말하는 이는 그저 '논리로 풀어내는 신비'가 아니라 '인류 구원의 신비'를 문제 삼고 있는 것이다.

이와 더불어, 고통이 존재하기 때문에라도 하느님에 대해 말하지 않을 수 없다. 남미의 어느 해방신학자가 말한 대로, "인간의 고통은, 그 안에서 하느님을 어떻게 합당하게 설명할 것인가 하는 문제가 제기되는 매우 어렵고 까다로운 영역이면서, 그 하느님에 대한 진술의 보편적 가치를 보증하는 것이기도 하다".[9] 이것은 믿는 이들과 신학이 그리스도교의 하느님에 대해 생각하고 그분에 대해 말할 때, 세상 곳곳에서 들려오는 고통에 찬 울부짖음을 자기 것으로 떠안아야 한다는 뜻이리라. 이런 의미에서 이사야의 경고는 중요하다. 세상 종말에 주님이 오시어 모든 이의 눈물을 닦아 주실 때(이사 25,8), "눈물 한 방울 흘리지 않은 낯으로 주님을 대면하는 자들에게 재앙이 있을진저! 그들은 자신들이 이 세상의 가난한 이들과 고통받는 이들과 연대해 있음을 알지 못했기 때문이다!"[10] 우리가 신앙인이라는 신빙성, 그리고 모든 이의 구원자이신 하느님이 존재한다는 우리 단언의 한 단면은 고통의 드라마 앞에서, 무엇보다도 무죄한 이들의 고통 앞에서 효력을 발한다.

더 나아가 하느님에 대한 논의가 필요한 또 다른 이유는, 현대 신학의 조류에서 '삼위일체론의 퇴보'라 불리는 현상이 오늘날까지도 나타나고 있기 때문이다. 이는 믿는 이들이 삼위일체 신비의 구체적이고 실천적인 면을 무심히 지나치거나 잊어버렸음을 뜻한다. 교회와 신학은 모든 실재의 원천이요 심장이며 중심축이고 최종 목표인 하느님의 삼위일체적 생명, 바로 이것을 중점적 관심사로 삼아야 한다. 삼위일체 신앙이 아무짝에도 쓸데없다는 비난을 직시하고 이를 무색케 할 시점이 마침내 도래한 것이다. 아버지, 아들, 성령이신 하느님의 신비를 (사람이 되신 하느님이시며 결정적 구세주이신 예수 그리스도와 더불어) 잘 관찰해 본다면, 이 신비는 그리스도교를 특징짓고 다른 종교와 구별하는 요소일 뿐 아니라 하느님을 이해하고 그분이 역사와 맺는 관계를 이해하며 인간과 공동체와 교회의 정체성을 이해하는 데 전적으로 혁명적인 기초를 마련한다는 것을 알게 된다.

마지막으로, 그 나름대로 타당성을 가진 무신론이 믿는 이들에게 던지는 질문에 응하기 위해서 하느님에 대해 말하게 된다. 이런 질문들은 그리스도인이 고백하는 신앙 내용을 입증하고 심화하는 데 건전한 동기와 효과적 자극이 될 수 있다. 신학은 하느님 신비에 접근하고 이를 탐구하는 수고를 통해 진지하고 정중하게, 인류 사상사에 나타난 각기 다른 양상의 무신론이 제기한 문제들을 제 것으로 삼아야 한다.[11] 게다가 믿지 않는 이들과의 대화를 위해서도 하느님에 대한 말은 필요하다. 그들이 진리

와 애덕 안에서 살고 있다면, 그들과의 대화는 우리의 신앙을 입
증하는 기회가 될 수 있고, 하느님께 순종의 응답을 드린 이들에
게 어떤 도움이 될 수 있다.

4. 하느님 고찰의 본질적 특성

하느님에 대해 말할 때 우리는 교부들이 남겨 준 지침을 잊지 말
아야 한다. 하느님 신비는 본질적으로 '정복이 불가능하다'는 사
실이다. 그러므로 제1차 바티칸 공의회가 환기한 대로, 하느님
을 말할 때는 "성실하고 신심 깊고 절도 있게" 행할 것이다.[12] '성
실하게' 행함은 주의를 기울이고 정성을 다해 엄격하고 치밀한
방법으로 지성을 사용하는 것이다. '신심 깊게' 행한다는 것은
하느님을 뵐 때마다 '거룩하시다'로 환호하는 종교심과 사랑을
간직하는 태도를 뜻한다. 이는 사랑이신 하느님과의 만남을 특
징짓고 그에 동반하는 자세다. 그분은 스스로 당신 자신의 신비
에서 빠져나와 "마치 친구를 대하듯이 사람들에게 말씀하고자
하신 분"이다.[13] 끝으로 '절도 있는' 태도는 하느님에 대해 말할
때 온갖 신중을 기하고, 자신의 한계와 더불어 인간과 하느님 사
이에 존재하는 무한한 차이를 생생히 되새기면서, 우리는 언제

나 하느님의 신비 이편에 머물러 있을 뿐이라는 사실을 염두에 둔다는 뜻이다.

마지막으로, 살아 계신 하느님 신비에 대한 고찰을 합당하게 전개하기 위해서는 다음과 같은 사항을 기억해야 한다.

• 그분이 우리 논의의 대상이 되기 이전에, 또 우리가 그분에게 주의를 기울이기 이전부터, 하느님은 친히 우리에게 말씀하시며 우리를 구원하시는 분이시다. 하느님은 스스로 시작하신 이 일을 계속하고 계시니, 그분은 당신 은총으로 주도권을 쥐시고 우리가 당신을 알도록 해 주시며 인간을 위해 온갖 위대한 업적을 행하신 분인 것이다. 따라서 우리는 그분에 대해 좀 더 온전하게 말할 수 있도록 우선 그분 말씀의 경청자가 된다.

• 우리 믿는 이들은 그분의 말씀을 교회 안에서 교회를 통해 전해 받고 듣게 된다. "스스로를 계시하시는 하느님에 대한 순종"[14]으로 설명되는 신앙은 교회 안에서 탄생했고 성숙해 왔다. 그 귀결로서, 신앙에 대한 이성적 이해와 심화이고자 하는 신학 역시 교회 공동체적 특성을 매우 강하게 띤다. 신학자라는 것, 신학한다는 것(우리의 경우 하느님에 대해 말한다는 것)은 교회에 의해서, 교회 안에서, 교회를 위해서 하는 것이며, 구체적으로는 네 가지 요구를 담고 있다. 1) 교회의 신앙에서 출발하며 이를 항상 염두에 둔다. 2) 교회에 봉사한다. 3) 믿는 이들의 공동체와의

친교 안에서 전개한다. 여기서 신학은 하느님 아버지의 나라를 향해 역사의 여정을 걷고 있는 모든 하느님 백성에게 동반자가 되어 준다. 또한 신학은 교회 공동체에 대한 사랑으로 전개된다.

4) 신학적 고찰이 가지는 판단과 증명의 기준은 교회 전체(제2차 바티칸 공의회가 선포한 대로 교회는 "믿음에서 오류를 범할 수 없으며" 또 "초자연적 신앙 감각"[15]을 지니고 있다)이거나, "주교직 계승을 통해 확고한 진리의 은사를 받음으로써"[16] 하느님 말씀의 올바른 해석자로 세워진 이들[17]로부터 선포되는 교회의 공적 가르침이다.

● 하느님에 대한 논의에는 예수 그리스도의 인격이 매우 깊고도 넓게 각인되어 있어야 한다. 예수 그리스도 그분은 (제2차 바티칸 공의회의 표현을 빌려) 계시의 중심이자 충만함이다.[18] 1968년 선종한 우리 시대의 심오한 종교 사상가 중 한 명이었던 개신교 신학자 카를 바르트Karl Barth가 썼듯이, "하느님이 누구이시며 신성이 무엇인지는, 하느님이 스스로를 계시하신 곳, 당신의 본성과 신성의 본질을 계시하신 그곳에서 알 수 있다".[19] 이는 지금이나 앞으로나 교회 공동체에게는 나자렛 예수와 그분의 복음만이 지존하신 하느님과의 살아 있는 만남으로 이끄는 확실한 길과 모든 인식의 샘솟는 원천이 된다는 말이다.

● 하느님을 고찰하면서 잊지 말아야 할 것은, 그분이 당신 자신을 계시하시는 동시에 인간을 인간에게 계시하신다는 사실이

다. 곧 하느님은 인간의 정체성(하느님의 모상)을 밝혀 주시고 인간의 정해진 운명(신적 생명에 참여하고, 한 인격으로서 거룩한 위격들과 함께하며, 삼위일체와 친교를 나누는)을 깨닫게 해 주신다. 하느님의 말씀은 그분이 계획하시고 실현하시고자 한 '인간에 대한 계획'을 알려 준다.

이런 의미에서 유다인 신학자 아브라함 요수아 헤셸Abraham Joshua Heschel의 말은 사실이다. "성경은 무엇보다 인간이 가지는 하느님관이 아니라 하느님이 가지신 인간관이다. 성경은 인간의 신학이 아니라 하느님의 인간학이다. 하느님은 인간과, 인간이 바라는 것들에 관여하신다."[20] 우리 역시 하느님에 대해 말하는 동시에 오늘날 인간들에게 의미 있고 깨달음을 주는 말을 할 수 있도록, 그리고 역사의 주인이신 그분이 약속하신 미래가 도래하는 데 공헌할 수 있도록 노력한다.

교황 바오로 6세가 천명했듯이 교회는 "현대의 사조에, 현대 세계의 정신적 혼란 속에 살고 있는 인간의 언어, 문화, 풍습, 감성에 그리스도교 메시지를 불어넣으려고 애써야 한다".[21] 우리는 하느님 좋으시라고 그분에 대해 말하는 것이 아니라 우리 자신을 위해서, 그분으로부터 우리 실존과 역사의 어둠과 모호함을 비추는 데 필요한 빛을 얻기 위해서, 그리고 우리 정체성과 소명과 운명과 과업을 더 잘 알아듣기 위해서 그분을 논의한다.

• 이에 못지않게 중요한 하느님에 대한 고찰의 마지막 특성은 앞서 나온 유념 사항들, 특히 바로 앞 단락에서 연유한다. 이제 이를 일컬어 '하느님에 대한 고찰의 비중립성'이라 이름 붙일 수 있겠다.

우리가 신앙인으로서 하느님을 고찰하는 한, 비록 그 논의가 엄정하게 전개된다 하더라도 교회 공동체와 믿는 개개인들의 삶과 역사에 대한 책임을 염두에 두는 것은 당연한 일이다. 하느님에 대한 고찰은 교회를 위해서든 총체적 인간성을 위해서든 어떤 결실을 맺어야 한다. 한 분이시며 삼위이신 하느님 신비에 대한 탐구는 단순히 머리 돌리기 훈련에 머물 것이 아니라 오히려 열정을 다하여, 실존적 차원에 끼치는 효과를 반드시 내포하는 성찰이 되어야 한다. 무기력한 반성이 아니라 생명 가득한 성찰, 종교적 주제에 대한 냉정한 지식이 아니라 아버지-아들-성령에 대한 감미롭고 사랑 가득한 인식, 삼위일체 하느님을 더 잘 깨달아 체험하고픈 충동을 일으켜야 한다. 성 페트루스 다미아누스St. Petrus Damianus가 성체성사를 묘사한 아름다운 구절을 읽어 보자.

굶주려 있으면서도 만족하는 그리스도인들은 이미 소
유하고 있는 것을 여전히 더욱 원한다. 포만감이 아무

문제가 되지 않으며 배고픔으로 괴로워하지도 않는다. 성체성사의 빵을 고대하면서 그들은 양육되고, 그 빵으로 양육되면서 또한 그것을 계속 고대한다.

하느님을 말하면서 우리는 우리와 전혀 상관없는 어떤 일을 하는 것이 아니다. 우리는 거기에 완전히 얽혀 들어가 있다. 하느님에 대한 이야기는 우리 편에서 볼 때 그분과 우리에 관한 이야기를 하는 것이다. 하느님의 탁월한 실재에 관심을 가지면서, 어떤 의미에서 우리는 유다계 독일 철학자 마르틴 부버Martin Buber가 전하는 옛날 이야기의 주인공처럼 되어야 할 것이다.

한 라삐가 말했다. "내 할아버님은 중풍 환자였다네. 하루는 사람들이 할아버님께 그분의 스승인 위대한 바알 셈 이야기를 해 달라고 졸랐지. 할아버님은 거룩한 성현이신 바알 셈께서 기도하시는 동안 깡충깡충 뛰고 춤도 추셨다고 말씀하셨다네. 그러다가 이야기에 취하셨는지 당신이 직접 보여 주시겠다며 벌떡 일어나 뛰어오르고 춤추시는 게 아닌가! 그 순간 중풍이 싹 나았지. 이야기란 이렇게 해야 하는 거라네."[22]

이것이야말로 신앙인으로서 창조주이시며 구원자이신 삼위의 하느님을 말하는 이상적 태도다. 자신이 관상하는 대상에 완전히 매혹되어 사로잡혀 있음을 아는 것, 그 안에 침잠하는 것, 그것에 맛들이고 생각과 말과 삶으로 표출해 내는 것, 그럼으로써 언제나 더욱 충만하게 그 대상을 체험하게 되는 바로 그런 태도를 가리키는 것이다.

끝으로 짚고 넘어갈 점이 있다. 그리스도교 하느님의 신비에 대한 신학적 성찰은, 다른 많은 신학적 반성과 마찬가지로 '잠정성'을 그 내재적 특징으로 지닌다. 여기에는 두 가지 의미가 있다. 우선, 신학적 성찰은 형언할 길 없는 하느님의 신비를 항상 부분적으로만 읽어 낸다는 것이다. 초세기 신학자들이 말하듯이 우리는 하느님에 대해서 거의 말더듬이처럼 '더듬거리면서', 전부가 아닌 오로지 어떤 것만을 말할 수 있을 뿐이다. 또 다른 의미로 하느님에 대한 우리의 온갖 논의는 어둠에서 빛으로 나아갈 그날, 광야에서 본향으로 돌아갈 그날, 신앙에서 직관으로 넘어갈 그날에 이르러 '사라지도록' 예정되어 있다는 것이다. 그렇기 때문에 이 하느님 논의는 처음 시작부터 그때를 전제하고 있다. 하느님에 대해 말해 보려는 하고많은 노력이 지나가고, 침묵과 사랑 안에서 '얼굴과 얼굴을 마주하는' 관상의 '쉼'이 이어질 그때를 ….

2장 구약성경을 통해 드러난 하느님

들어가며

두 번째 장에서는 하느님의 말씀 혹은 초자연적 계시에 귀를 기울여 보자.[1] 우리는 특별한 방식으로 성경, 즉 '영감을 받은(성령의 감도로 기록된) 책들의 집합체'를 살펴볼 것이다. 이 책들의 저자는 하느님이시다. 비록 인간 저자들이 "자기의 능력과 역량을 발휘하여"[2] 하느님과 공동으로 작업한 노고 덕택에 쓰였다 해도 그렇다. 그리고 계시는 믿는 이들에게 언제나 빛과 지혜의 샘솟는 원천이 된다.

성경은 그 총체성을 바탕에 깔고 보아야 한다. 성경의 각 권들(구약과 신약)은 하느님이 이스라엘 백성과 함께 수세기에 걸쳐 이끌어 나가신 대화의 증거이며, 또 교회의 신앙에 의하면 초기 그리스도교 공동체와 나누신 대화이기도 하다. 이 대화는 창조를 시작으로 하여 시간이 지남에 따라 다양한 단계를 거쳐 발전했고 그리스도에서 정점에 이른다.

1. 구약성경에 드러난 하느님 개념의 발전

구약성경에서 출발해 보자. 어떤 모습의 하느님이 구약에 나타나고 있는가? '하느님'이라고 할 때 어떤 식으로들 이해하는 것일까? 구약에서는 '하느님'이라는 용어에 어떤 개념을 적용해야 할까?[3]

무엇보다 중시해야 할 점이 있다. 이스라엘이 그들 역사를 통해 접해 온 다른 민족들의 종교에서 영향을 받은 것처럼 보이는 경우일지라도, 구약성경의 하느님 개념은 전체적으로 보아 완전히 독창적이라는 사실이다. 다른 말로, 설령 구약의 하느님 개념이 다른 종교체험과 공통적인 요소를 가지고 있다 하더라도 인류의 종교 역사상 언제나 유일무이한 개념이라는 것이다. 믿는 이들에게는 이 유일성과 독창성이 바로 하느님으로부터, 즉 스스로 인간과 통교하시고 당신 신비의 가없음을 관상하도록 허락하신 그 하느님으로부터 온 것이다. 이스라엘의 하느님께서 백성들이 당신을 알도록 먼저 주도권을 잡지 않으셨다면, 또 인간에게 당신 마음을 먼저 열어 보이지 않으셨다면 그분 생명의 끝없는 심원함을 발견하고 알아보기란 불가능했을 것이다. 추측건대 인간은 모든 유한한 존재의 절대 원리가 있다는 것을 마침내 알아낼 수 있었을 테고 모든 것을 창조한 존재의 몇몇 특성에 대해 짐작할 수 있었을 것이다. 그렇지만 하느님의 가장 내밀한 본성은 여전히 감추어진 미지의 것이었을 터이다.

또 달리 지적할 것이 있다. 구약의 하느님 개념은 어떤 발전 과정을 거친다는 점이다. 실상 선택된 민족의 초창기부터 바빌론 유배 시대에 이르기까지, 하느님에 대한 개념이 발전해 온 각기 다른 특징적 국면을 볼 수 있다.[4] 이스라엘은 우선 하느님을 한 부족, 한 집단의 수호자요 보호자로 이해한다. 어떤 의미에서 하느님은 그들의 자애로운 아버지시다. 이어서 그들은 하느님을 부족 연합의 보증인이자 이스라엘과 계약을 맺으시고 구원의 역사를 시작하시는 분으로 이해한다. 이어 왕정 성립과 함께 하느님은 다윗 왕조와 긴밀한 관계를 가지는 분으로 여겨진다. 그 후 예언자들의 설교에 힘입어 하느님에 대한 개념은 온갖 정치적·민족적 색채를 벗어나게 되고, 야훼 신앙의 순수하고 영적이며 도덕적인 특성이 옹호되기에 이른다. 마침내 바빌론 유배 후에 야훼 신앙은 개인적 체험의 기본 토대로 두드러지게 나타나면서 신앙의 실존적 측면이 강조된다.

이 발전 과정에서는 예언자들의 활동이 결정적이었다. 야훼, 곧 인격적이고 살아 계시며 초월적인 하느님을 알 수 있도록 공헌한 이들이 바로 그들이다. 그들이 선포한 하느님은 당신 뜻대로 행동하시는 하느님, 사람들이 이름으로 부를 수 있는 하느님, 존재하는 모든 것의 근원이 되시는 하느님, 전적으로 자유로우신 하느님, 모든 것을 초월해 계시면서도 이스라엘의 역사에 연루되신 하느님, 인간에게 관여하시는 그런 하느님이시다. 예언자들의 공로로 하느님의 다양한 속성(이 점은 뒤에서 다룰 것이다)을 이해하게 되었다.

구약성경의 하느님 개념에서 이러한 발전은 결코 놀랄 일이 아니다. 계시란 그 본성상 역사적이고 점진적이기 때문이다. 더욱이 이렇게 하느님에 대해 점차로 체득해 나가는 '과정'은 두 가지 중요성을 지닌다.

● 우선 하느님의 실재는 무한하며 인간은 하느님의 다양한 면모를 조금씩 조금씩 발견해 나간다. 그분의 면모는 결코 완벽하게 밝혀지지 않으며 완전히 알 수도 없다. 그 누구라도 하느님의 총체성을 오로지 한 관점으로 전부 들여다보았다고 할 수 없고 단 하나의 개념으로 표현해 낼 수 없다.

• 또한 계시의 점차적 '과정'은 하느님의 자애로움, 사려 깊음, 품위와 배려 등을 의미하기도 한다. 이는 그분이 시간에 연연하지 않으면서 인간이 성숙하길 기다리신다는 뜻이다. 하느님은 인간의 눈높이에 당신 자신을 맞추시며 인간이 다 파악할 수 없는 당신 신비의 풍요로움을 차차 깨달아 가도록 도와주신다.

2. 하느님의 이름들

구약성경의 하느님 개념을 탐구하는 데 매우 유용한 방법 중 하나는 성경 저자들이 그분을 일컬을 때 사용한 이름을 관찰해 보는 것이다. 고대인들에게 널리 퍼진 확신에 따르면, 사람의 이름이나 존재하는 모든 것의 이름은 그 정체성이나 부여받은 사명을 말해 준다고 한다.

이스라엘이 구원을 청하며 부르던 하느님 이름 가운데 '엘-엘로힘'*El-Elohim*이 특기할 만하다. 이 이름은 성경뿐 아니라 고대 근동 지방의 다른 민족들 사이에서도 알려진 이름으로 '신적 힘-권능'을 뜻한다. 엘*El*은 '전능하신 분'이라는 의미를 지니므로, 이스라엘의 하느님은 즉, 권능을 지니신 분이다(권능은 신적 존재의 첫 번째 특징이며 인간이 신성에 자연적으로 부여하는 속성이다).

엘의 복수형인 엘로힘*Elohim*은 때로 구약성경에서 찾아볼 수 있는데, 언뜻 보면 이스라엘이 숭배하던 초기 다신교의 잔재를 보여 주는 어원론상 흔적처럼 보인다. 그러나 이 이름은 '관념적 복수형'으로 이해되어야 하며, '신들'이라는 복수형이 아니라 '신성'으로 번역되어야 한다. 이는 이스라엘의 하느님이 당신 안에 신성의 충만함과 신적 존재로서의 모든 권능을 지니고 계시다는 확신을 나타낸다. 반면 다른 민족들에게 이 복수형은 다수의 존재나 신들을 뜻하는 것으로 여겨졌다.

성경에 나오는 하느님 이름 중에 가장 비중이 높은 것은 '야훼'*YHWH*다(약 6,830번 등장). 다른 민족들도 사용한 사실이 있지만, 이 이름은 이미 이스라엘의 신앙과 역사적 체험에 긴밀히 연결되어 있었다. 이스라엘 민족은 이 이름으로 그들이 직접 체험한, 곧 자신들의 역사 속에서 변함없는 현존을 체험한 인격적이고 신적인 존재를 가리킨다.

구약성경에 따르면 이 이름의 의미는 호렙 산에서 하느님 친히 모세에게 알려 주셨다(탈출 3장). 하느님이 이루시고자 하는 절박한 이스라엘 해방을 배경으로, 모세가 구원의 약속을 백성에게 알리도록 파견받을 때 일어난 일이다(탈출 3,7 이하).

이런 정황과 문자적 의미(이 이름은 '있다' 혹은 '~이다'를 뜻하는 히브리어 동사 *hayah*와 관련 있다)를 바탕으로 여기에 대한 해석이 분분하다.

1) "나는 있게 하는 자다": 야훼께서 피조물들에게 '존재'를 주시는 분임을 명확히 한다.

2) "나는 나다": 이 자기 계시는 하느님이 당신을 계시하신다기보다 당신 존재의 불가지성을 단언하시는 것으로, 여기에 직면한 이스라엘이 신앙의 태도를 지니도록 초대하신다.

3) "나는 있는 자다": 하느님은 존재하시며, 최고 존재시다.

'있다' 동사의 셈어 개념과 이 계시가 일어난 상황을 머릿속에 그려 보자. 여기서 하느님은 '친히' 이 계시를 통해 당신의 '은혜로이 구원하시는 현존'을 보증하고자 하셨다는 사실을 주목할 필요가 있다. 이 '있다'는 '거기에 있다', '~를 위하여 있다'를 뜻한다. 히브리인들은 이 이름을 들으면서, 하느님의 존재나 본질을 문제 삼기보다 그분의 해방하시는 현존을 먼저 떠올렸던 것이다.

그러므로 하느님은 모세와 이스라엘에게 당신을 '있는 자'로 계시하시면서 해방 역사의 서막을 열고자 하신 동시에 어떤 약속을 하신다. 당신 백성의 삶을 뒤바꿀 사건에 힘 있게 개입하시겠다는 약속이다. 정리하면, "하느님의 이름은 정의定義라기보다는 약속이다. 그 약속은 이미 이루어진 구원 행위(탈출 3,15 이하)의 기억을 북돋우고, 아직 성취되어야 할 구원에 대한 희망을 불러일으킨다".[5]

이런 점을 토대로 보면 호렙 산에서 내린 하느님 계시에서 그분의 '파악 불가능성'을 보는 주장도 일리가 있다(2번 해석). 과연 하느님은 이제 성취되어야 할 그 역사, 그분의 실체(이름)가 드러날 장소인 역사로 우리 눈길을 돌리게 하신다. 그러면서 당신 자신의 신비와 자유를 선언하시고 동시에 당신에 대한 신앙과 이제부터 이루고자 하시는 일들에 대한 믿음을 요구하신다.

마찬가지로 전통적 해석도 옳다(3번 해석). 전통적 해석은 하느님과 '존재 자체'를 일치시킨다. 야훼께서는 '해방하시는 분'이다. 그분은 모든 권능을 지니셨으며 역사의 절대적 주인이시기 때문이다. 이 개념들을 '셈족 문화권과는 다른 문화권의 사고방식'으로 표현하자면, 그분은 '충만한 존재'를 소유하고 계시다고, 혹은 '최고 존재'시라고 할 수 있다. 다시 말해, 모세에게 주어진 계시를 통해 드러난 이스라엘의 하느님의 구원하시는 현존은 그분 홀로 유일하게 지니신 생명의 풍요로움을 통해 보증된다. 그럼에도 불구하고 물론 인정해야 하는 것이 있으니, 이 해석은 그리스 문화권과의 만남이 가져온 '있음' 개념을 확장시킨 결과라는 사실이다. 그렇더라도 이러한 확대해석은 대부분 근거가 없지는 않다.

3. 이스라엘의 하느님의 탁월한 속성들

이스라엘이 엘-엘로힘이라 부르는 하느님, "나는 있는 자다"라고 스스로를 소개하시는 하느님을 어떤 속성들로 특징지을 수 있을까?

우선 하느님은 '한 분'이시고 '유일한 분'이시다. 누구도 그분과 같은 차원에 놓일 수 없다. 오로지 야훼만이 참으로 하느님이시고 진정 구원을 보증하시며 그것을 주실 수 있다. 이런 확신은 그들의 역사적 체험에서 무르익은 것이지, 결코 추상적 추론에서 생겨나지 않았다. 오직 야훼께만 역사와 세상의 '주님'이라는 명칭이 합당하며, 이는 그분이 당신 자녀인 이스라엘 백성을 위해 기적을 행하며 개입하신 사건으로 증명된다.

유일신 신앙의 증언 가운데 좀 더 주목할 만한 것 하나는 신명기에 전해져 오는 아름다운 신앙고백이다. "이스라엘아, 들어라! 주 우리 하느님은 한 분이신 주님이시다. 너희는 마음을 다하고 목숨을 다하고 힘을 다하여 주 너희 하느님을 사랑해야 한다"(신명 6,4-5).

마지막 구절이 환기시키듯이, 이스라엘에게 유일신 신앙은 하느님에 대한 선언일 뿐 아니라 인간 삶에 중요한 성찰을 담고 있는 진리이기도 하다. 야훼 하느님 외에 어떤 신이나 신성도 소유하거나 사랑할 수 없다. 오직 그분만이 끝없이 사랑받으시기에 마땅하다. 따라서 누구든지 다른 어떤 존재나 가치, 관심사를 하느님 위에 두거나 하느님과 동등한 위치에 놓는다는 것은 곧 우상숭배에 빠지는 것이고 유일신 신앙을 부정하는 것이 된다.

야훼, 유일한 하느님은 또한 창조주시다. 성경에 나타난 하느님의 이 같은 속성 역시 이스라엘의 체험과 사고 속에서 역사와 구원과 매우 긴밀히 연관되어 있다. 두 가지 의미에서 살펴보자면, 우선 하느님이 만물의 창조주라는 확신은 그분이 당신 자녀들을 위하여 펼쳐 보이신 구원 능력을 체험하면서 무르익어 갔다. 하느님이 모든 것을 하실 수 있다면, 그리고 역사의 주인이시라면 그분이 창시자, 창조자, 존재하는 모든 것의 유일한 원리임은 틀림없다.

또 구약성경에 따르면, 창조는 하느님에 의해 완수된 구원 업적의 첫 번째 행위라는 의미에서 구원과 관련이 있다. 창조주이신 그분은 단순히 사물들을 만들어 내기만 하시는 분이 아니다. 그분은 초연하게 세상을 '제작'하신 것이 아니다. 그분은 존재하는 것들의 단순한 건축가 같은 분이 아니다. 오히려 창조는 하느님과 모든 피조물 사이의 사랑 가득한 관계와 친밀함의 시작이 된다. 창조와 구원 사이에 존재하는 이 밀접한 관계를 중요하게 반영하는 요소들이 있다. 창세기 2장이 그러하다. 이 장은 창조

이야기가 탈출기 19-24장에 나오는 시나이 계약에 관한 이야기와 많은 연관성이 있음을 시사한다(이스라엘 백성이 이집트를 탈출한 뒤 시나이 산에서 하느님과 이스라엘 사이에 체결된 계약은 구원 역사의 근본적 순간 가운데 하나라는 사실을 기억해 두자).

창세 2장: 하느님이 인간을 땅의 흙에서 빚어내시다.
탈출: 하느님이 이스라엘을 이집트 땅에서 끌어내시다.

창세 2장: 하느님이 인간을 낙원에 데려다 놓으시다.
탈출: 하느님이 이스라엘을 젖과 꿀이 흐르는 땅으로 데려가고자 하시다.

창세 2장: 하느님이 인간에게 땅을 정복하되 선과 악을 알게 하는 나무 열매만은 따 먹지 말라고 명령하시다.
탈출: 하느님이 이스라엘에게 계명을 주시다.

창세 2장: 하느님이 축복을 약속하시고 징벌로 위협하시다.
탈출: 하느님이 이스라엘에게도 같은 약속을 하시다.

창조라는 주제와 함께, 구약성경은 하느님의 정체성에 대한 두 가지 중요한 관점을 크게 강조한다. 우선 그분의 초월성과 우월함, 그분 생명의 비할 바 없는 숭고함, 그리고 그분의 존재가 지닌 유일성이다. 하느님은 어떤 반대도 받지 않으시고, 또 미리부터 있던 어떤 존재를 근원으로 삼지도 않으시고 피조물들에게 존재를 부여하신다. 모든 것은 창조주이신 분의 전능과 호의로써 '없음'에서부터 빛을 보게 되었다.

창조 행위에서 알 수 있는 또 한 가지는 성경 속 하느님의 '인격성'이라는 특징이다. 창세기의 이야기는 하느님이 '당신 말씀을 통하여', 자유로이 당신 원의로 만물을 창조하셨다고 언급한다. 하느님은 창조를 강요받지 않으신다. 창조는 당신 본성상의 어떤 내적 필요에 의한 것도 아니고 바깥의 어떤 동기들에 의한 것도 아니다. 단지 그분의 자유, 그분의 사랑이 창조의 시작이요 기초이며, 모든 피조물이 생겨난 충분한 이유가 된다.

늘 그렇듯이, 창조주 하느님에 관련된 진리들 역시 곧바로 인간들과 여타 피조물들에게 중요성을 가진다. 만일 하느님이 순전히 자유롭게, 오로지 사랑을 이유로 우리에게 생명을 주신다면, 그분이 당신 자신에게서 비롯된 모든 피조물에게 항상 자애롭고 친밀한 태도를 지니시리라 생각하는 것이 당연하지 않은가! 크건 작건 간에 어떤 존재이든 하느님 사랑에서 제외되지 않는다. 모든 것은 사랑 안에서 하느님 품에 고이 안겨 있으니, 마치 제 어린 것을 대하는 여인의 사랑과도 같다. 이 비유로도 하느님 사랑을 다 보여 주기엔 너무나 미약하다.

구약성경에 의하면 하느님은 초월적인 분이어야 한다. 피조물과 비교해 볼 때, 그분은 피조물과 질적으로 완전히 다르고 무한히 월등한 생명을 지니신 분이다. 그분 존재의 배타적 특성이 이를 입증하며, 원리는 이러하다.

1) 하느님은 공간에 제한받지 않으신다. 그분은 아니 계신 곳 없고 무한하시다. 그분은 어디에나 계시며 이곳 혹은 저 장소에 매여 계시지 않다. 한계를 지을 수 없는 분이며 어떤 장소도 그분을 담을 수 없다. "그러나 어찌 하느님께서 땅 위에 계시겠습니까? 저 하늘, 하늘 위의 하늘도 당신을 모시지 못할 터인데, 제가 지은 이 집이야 오죽하겠습니까?"(1열왕 8,27). "당신 얼을 피해 어디로 가겠습니까? 당신 얼굴 피해 어디로 달아나겠습니까? 제가 하늘로 올라가도 거기에 당신 계시고 저승에 잠자리를 펴도 거기에 또한 계십니다"(시편 139,7-8).

2) 하느님은 시간에 제한받지 않으신다. 그분은 영원하시며 시간을 넘어 계시다(시간이 피조물에게 영고성쇠의 흔적을 남기는 것과 같은 일이 하느님께는 일어나지 않는다는 의미다). 그분은 시작도 없고 끝도 없다. "산들이 생기기 전에, 땅이며 누리가 나기 전에, 영원에서

영원까지 당신은 하느님이십니다"(시편 90,2).

3) 하느님은 어떤 제약 조건에도 구애받지 않으신다. 그분은 전능하고 절대적이시다(라틴어 어원상으로는 ab-solutus, 즉 '풀려난', '무엇으로부터 자유로운'이라는 뜻이다). 그 무엇도 그 어떤 인간도 그분의 행위를 제약하거나 가로막을 수 없다(구약성경에 의하면 타락한 천사들의 행위도 그들 나름대로 하느님께 기여를 한다). 하늘 아래 땅 위의 모든 것이 그분 밑에 있고 그분 명령에 복종한다.

4) 하느님은 또한 전지하시다. 모든 것을 알고 계시며 그분이 알지 못하는 일이란 없다. 그분은 모든 것을 보시고 예견하신다. "태중에서 나오기 전에 내가 너를 성별하였다"(예레 1,5).

5) 하느님은 변하지 않으신다. 그분은 '영원불변'하시다. 하느님의 이 속성은 두 가지 의미로 해석된다. 첫째는 스스로 하신 약속에 대한 하느님의 '신실함'(의지의 항구함)이요, 또 하느님께는 생성이나 변화가 없다는 것(존재의 불변)이다. "하느님은 언제나 같으신 분, 해가 바뀌고 또 바뀌어도 영원히 계시옵니다"(시편 102,28). "당신의 날도 사람의 날과 같습니까? 당신의 해도 인간의 세월과 같습니까?"(욥 10,5).

성경 저자들이 (분노, 미움, 후회 같은) 하느님의 감정 변화(창세 6,6; 탈출 32,12-14; 1사무 15,11; 예레 4,28)를 이야기하고, 때로 하느님을 의인화하거나 인간의 감정에 빗대어 묘사할 때, 이는 하느님의 인격적 생명력을 표현하고 또 이스라엘 역사에 대한 야훼 하느님의 참여를 더 명확하게 드러내기 위해서였다. 하느님은 당신 백성의 삶에 무관심하신 분이 아니다. 그분은 당신 자녀들에게 관심을 기울이고 계시며 그들을 위해 적극적으로 은혜로운 행위를 하신다. 그렇다 해도 하느님이 인간과 근원적으로 다르다는 사실을 믿는 이들은 언제나 분명히 기억하고 있다. 결국 이렇게 말할 수 있겠다. 하느님은 인간적 모습으로 묘사되지만 인간과 같은 분으로 간주되지는 않으며, 더 나아가 이런 '강렬한' 표현을 동원해 하느님을 묘사하는 것은 회심의 촉구를 그 목표로 하고 있다고 말이다.

구약성경에 나오는 하느님의 갖가지 신성한 속성은 성경 저자들에 의해 언제나 '계약의 하느님의 속성'을 입증하기 위해 제시된다는 사실을 짚고 넘어갈 필요가 있다. 계약의 하느님은 인간을 구원하기를 원하시고 당신 피조물을 위하여 당신 생명의 부요함을 선사하시는 분이다. 말하자면 이스라엘은 하느님의 속성을 인간 실존과 관련하여 이해했다. 하느님의 속성들은 바로 '우리 자신'을 위해 중요하다. 그 속성들 덕분에 야훼께서는 진정 우리를 구원하실 수 있다. 그 무엇도 어떤 사람도, 구원하시고자 하는 하느님의 사랑에 걸림돌이 될 수 없다. 하느님의 속성들이 바로 '우리를 위한 것'이라는 중요성을 깨닫는 데서부터 하느님께 찬미와 감사를 드리려는 자발적 원의가 솟아나게 된다. 이것은 시편이 우리에게 증언하고 있다(시편 19; 33; 66; 95; 99; 104; 106; 135; 136).

이스라엘의 하느님이 이름을 지니셨다는 사실, 그 하느님을 체험할 수 있다는 사실, 계약을 맺으시고 이 계약을 위해 당신의 모든 방법과 속성을 동원하신다는 사실은 야훼께서 '인격적' 하느님이심을 입증한다. 그분은 그저 '비인격적이고 원초적인 신성의 힘'이나 말로 표현할 길 없는 존재가 아니며, 인간이 관계를 맺을 수 없는 추상적 원리도 아니다. 반대로 하느님은 '무엇'이 아니라 '누구'이며, 더불어 대화할 수 있는 분이다. '너에게로 향하는 나'라고 할 수 있는 인격적 주체시다. 그분은 당신 말씀을 귀 기울여 듣도록 인간을 부르시고 당신을 그들에게 열어 보이신다. 하느님은 참으로 살아 계신 분이다.

하느님은 또한 관대하시다. 이것은 그분의 '행위의 방식'을 특징짓는 몇 가지 속성에서 드러난다.

당신의 행위 안에서 하느님은 우선 '헤세드'*hesed*로 가득한 분, 곧 계약이나 이스라엘에게뿐 아니라 모든 이와 모든 것에 대한 자애가 한결같은 분으로 나타난다. 야훼의 이 속성을 우리는 '만물을 자비로이 굽어 살피심'이라고 이해할 수 있겠다. 이는 계약의 본질적 요소이고 그것을 성립시키는 전제다.

하느님은 당신의 행동을 통해 '신실함'이 충만하신 분으로서 스스로를 드러내신다. 이것은 그분의 '바위 같은 굳건함'을 뜻하며 하느님 편에서 볼 때 당신의 자애로움, 구원 의지, 그 하신 약속이 결코 다하지 않음을 뜻한다. 하느님의 신실함이라는 '반석' 위에 이스라엘은 그들의 신앙을 견고히 세울 수 있으며 확신을 가지고 "아멘"이라고 말할 수 있다. 구약성경에 따르면 하느님의 신실함은 '미래'를 일으키고 '희망'을 퍼뜨린다. 하느님은 이스라엘이 그들 역사 안에서 부정적 사건들과 순간들을 극복하게 하시고, 당신이 온갖 선에 대한 약속을 실현하시리라는 확신 속에 계속 전진하도록 만드시기 때문이다.

아울러 하느님은 흘러넘치는 당신의 사랑과 자비를 행동으로 보여 주신다. 야훼 하느님이 피조물에게 생명을 주시고 이스라엘과 계약을 체결하시도록 밀어붙인 가장 깊은 동기는 바로 그분의 사랑이다. 이 사랑은 직접적으로 한 인격체가 다른 대상을 향해 나아가며, 어떤 이기적 동기도 없는 자발적 움직임으로 이해되어야 한다. 동시에 친교를 맺고 자신을 선사하고자 하는 바람, 그리고 사랑받는 이에 대한 사랑하는 이의 신뢰에 찬 개방으로 이해되어야 한다.

이러한 확신은 구약성경의 모든 장과 이스라엘 역사의 모든 국면에 현존하고 있으며 항상 두드러지게 강조된다. 구약성경은 매우 뜻있는 이미지들을 통해 야훼와 이스라엘의 사랑 어린 관계가 갖가지 인간적 사랑의 모든 색채와 풍요로움을 몽땅 포함하고 있음을 보여 준다. 부성적 사랑, 모성적 사랑, 결혼한 남녀의 사랑 등, 뒤집어 말하면 인간적 사랑의 이런 형상들은 하느님 사랑의 무량함과 위대함을 미약하게나마 반영하는 것들이다.

이스라엘을 위한 이렇듯 크신 하느님의 사랑은 이제 피조물들을 향한 '자비' 혹은 '모성 본능적 사랑'(히브리어의 *raham, rahamim*을 일컫는 것으로 이 히브리어의 원래 의미는 '자궁'을 뜻한다)과 '연민'으로 발전한다. 어미가 제 자식을 품고 있듯이 야훼께서도 당신 자녀들에 대한 강한 보호 본능을 지니고 계시다. 급기야 그분은 피조물들로 인해 '함께 아파함'com-passio(연민)을 경험하시기에 이른다. 하느님의 이 마지막 태도에 대해서는 특히 예언서들에서 분명한 증언을 찾아볼 수 있다. 예언자들은 기회가 올 때마다 여러 가지 방법으로 하느님이 당신 자녀들로 인해 느끼고 체험하시는 것들을 묘사한다. 예언자들의 선언에서 유추해 낼 수 있는 것은, 히브리인 신학자 아브라함 헤셸이 단언한 바와 같이 "하느님은 사랑하시는 분, 인간에게 마음을 쏟으시는 분이다. […] 그분은 인간의 행위를 태연자약하고 초연하게 심판하지 않으신다. 그분은 그 심판에 당신의 온 마음을 쏟아부으신다"는 사실이다.[6] 하느님은 인간 역사에 관여하시고 스스로 그에 얽혀 들어가시며 열정으로 대응하신다. 헤셸의 표현대로, 예언자들에 의하면 "인간은 단순한 하느님의 모상이 아니다. 그는 하느님의 영원한 긴급 관심사다".[7] 인간은 하느님께, 그리고 '성경의 사고방식 안에서' 중요하다. 헤셸은 계속 말한다. "하느님에 대한 인간의 중요성을 부정하는 것은, 인간에 대한 하느님의 중요성을 부정하는 것만큼이나 상상하기 힘들다."[8]

하느님의 '분노'와 '질투'도 그분 사랑의 맥락에서 이해되어야 한다. 그 분노는 '의분'義憤이며(A. Heschel), 인간에 의해 저질러진 악과 불의, 계약의 배신에 대한 하느님의 반응이다. 이는 두 가지 사실을 증명한다. 하느님은 인간과 악에 무관심하시지 않다는 사실과 하느님은 정의롭고 충실하고 정직한 인간을 보고 싶어 하신다는 사실이다. 따라서 그분의 분노는 인간을 염려하는 마음에서 생겨난 것이며, 인간이 악의 행실을 버리면 사라지게 되어 있다. 시편 저자는 이렇게 노래한다. "그분의 진노는 잠시뿐이나 그분의 호의는 한평생 가니 …"(시편 30,6).

하느님의 분노와 하느님의 '정의'를 혼동하지 않도록 항상 주의해야 한다. 이 둘은 서로 다른 사항이다. 분노가 위협이라면 정의는 기대와 희망의 대상이다. 더욱이 주목해야 할 것은, 하느님이 어쩌다 분노로써 반응하실지라도 분노에 의해 완전히 지배당하시지는 않는다는 점이다. 그분은 언제나 당신의 선함과 자비를 먼저 앞세우신다. "나는 타오르는 내 분노대로 행동하지 않고 에프라임을 다시는 멸망시키지 않으리라. 나는 사람이 아니라 하느님이다. 나는 네 가운데에 있는 '거룩한 이', 분노를 터뜨리며 너에게 다가가지 않으리라"(호세 11,9).

분노는 실상 인간 내면에 회개의 마음을 일으키려는 목적을 가지고 있다. 이것이야말로 어째서 분노 역시 그 나름대로 희망의 동기가 되며 낙관주의의 원천이 되는가 하는 이유다. 분노는 "구약성경의 몇 부분에서 나타나는 과장된 의인화를 넘어 고려되어야 한다. 즉, 사랑에 반대되는 행동으로서가 아니라 같은 사랑의 행동으로 이해되어야 하며, 인간이 그분을 거부했다는 맥락에서 보아야 한다".[9]

반면 '질투'는 인간이 우상을 사랑하는 데 대한 하느님의 반응이다. 하느님 당신이 의당 받으셔야 할 사랑에서 제외되었기 때문이 아니라 피조물들이 우상을 섬김으로써 그들 자신이 괴로움과 해악을 겪게 되기 때문에 하느님의 질투가 생겨난다. 우상숭배와 죄악을 통하여 인간은 하느님을 거부하게 되고 악으로 기울어진다. 야훼께서는 당신 자녀들을 극진히 사랑하시므로 그런 상황을 가만두지 않으신다. 그런 이유로 질투는, 짓밟히거나 멸시받은 사랑에 대한 반응이 아니라, 사랑하는 이(하느님)의 원의, 곧 사랑받는 이(피조물)가 목표에서 빗나가 탈선하는 것을 보고만 있지 않으리라는 표현이다.

야훼는 정의가 넘치는 분이다. 이것은 하느님이 당신 자신과 또 당신 계약과 당신 자애로움에 합당하게 행동하신다는 뜻이다. 그래서 정의는 늘 실효를 거두고 구원을 가져다주며 어떤 식으로든지 드러나고 표현된다. 하느님은 정의로우신 분이고 구원자시다. 자비로우실 때나 사랑하실 때나, 진노하실 때나 질투에 사로잡히셨을 때나, 심지어 벌을 내리실 때도 마찬가지다.

구약성경이 증언하는 하느님의 속성에 대한 짧은 고찰을 마치기 전에, '아버지'라는 명칭에 주의를 기울여 봄직하다. 구약성경은 이 말을 사용하는 데 충분히 신중을 기한다. 많은 종교에서 이 용어는 물질적이고 육신적인 의미로 이해되는 반면, 이스라엘은 언제나 하느님의 초월성에 대한 의식을 보존하고 있으며 주의를 다해 우상숭배와의 혼동을 금하고 있다. 그렇기는 해도 하느님과 관련된 '아버지'라는 명칭을 전적으로 버릴 수는 없었으니, 계약에 긴밀히 연결된 상호 관계를 매우 잘 나타내고 있기 때문이다. 그 관계는 야훼와 이스라엘 사이에 존재하는 '부자父子적' 색채에서 연유하는 가족적 관계다. 계약을 기반으로 야훼는 아버지가 되시고 이스라엘은 아들이 된다(몇몇 정식에서 확인할 수 있다. 예컨대 2사무 7,14의 "나는 그의 아버지가 되고 그는 나의 아들이 될 것이다"는 예레 7,23에 나오는 계약의 고전적 정식과 일치한다. "내 말을 들어라. 나는 너희 하느님이 되고 너희는 내 백성이 될 것이다”).

더 나아가 구약성경에 따르면, 창조라는 사실 때문에라도 어떤 '부성'父性을 말할 수 있다. 창조라는 지고至高의 행위를 통해 하느님은 모든 것에게 생명을 주셨다. 그러나 하느님의 완전함이나 생명에는 어떤 보탬이나 줄어듦도 없다.

이제 마무리하면서, 여타 속성들을 종합하는 하느님의 가장 뛰어난 속성을 소개한다. 바로 '거룩함'이다. 이는 하느님의 다른 속성들과 나란한 하나의 속성이 아니며, 전적으로 하느님 홀로 소유하신 생명과 능력의 충만함을 표현하고 그분을 모든 피조물과 구별한다. '거룩함'으로 인해 하느님은 온갖 것과 분리되어 계시다(그분은 아니 계신 데 없기 때문에 이는 물론 물리적 차원의 분리가 아니다. 여기서는 '질적 차원'의 분리를 의미한다). '하느님은 거룩하시다'라는 말에는 하느님이 '다른 곳'에 계시다는 것이 아니라 피조물에 비교하여 '다른 분'이라는 뜻이 있다. 그런 이유로 하느님의 거룩함은 피조물과의 머나먼 간극이나 분리의 원리가 아니다. 실상 지극히 거룩하신 하느님은 계약을 맺으시고 역사 안에 개입하신다. 더 확실히 말하자면, 구약성경에서는 바로 그 하느님의 거룩함이 인간과 세상에 대한 당신 친밀함의 원천인 것처럼 보인다. 그분은 "이스라엘의 거룩하신 분"(시편 71,22; 78,41; 89,19; 예레 50,29; 51,6; 에제 39,7)이시다. 이 호칭은 야훼께서 이스라엘의 하

느님이시고 이스라엘은 계약을 맺음으로써 그분에 의해 거룩해
진 백성이라는 사실을 말하고자 한다. "이제 너희가 내 말을 듣
고 내 계약을 지키면, 너희는 모든 민족들 가운데에서 나의 소유
가 될 것이다. 온 세상이 나의 것이다. 그리고 너희는 나에게 사
제들의 나라가 되고 거룩한 민족이 될 것이다"(탈출 19,5-6). 이 축
성은 이스라엘에게 삶의 의무를 지우기도 한다. "나 주 너희 하
느님이 거룩하니 너희도 거룩한 사람이 되어야 한다"(레위 19,2).

하느님의 거룩함은 '전염된다'고 할 수 있겠다. 이는 거룩함이
이스라엘 축성에 기초가 된다는 의미, 지극히 높으신 분과 그 피
조물이 맺는 깊은 관계의 초석이라는 의미에서 그러하다. 그리
고 그분과 관계를 맺는 이들에게 삶의 근본적 변화를 가져온다
는 의미에서도 그렇다고 할 수 있겠다.

끝으로 한 가지 기억해 둘 점은, 구약성경에서 거룩함은 가끔
특정 인격이나 사물이나 사건들에 적용된다는 사실이다. 그러나
이것은 단순히 어떤 실재와 거룩하신 하느님 사이에 강력한 관
계가 존재함을 가리키기 위한 것일 뿐, 거룩함 그 자체로는 오직
야훼께만 속한 것이다.

거룩함에 대한 성경적 개념의 몇몇 중요한 귀결을 확실히 해
두자. 하느님 홀로 거룩하시다고 하는 깨달음은 세상에 대한 '탈
신성화'라는 결과를 낳는다. 거룩함이 특정 피조물의 전유물이

아니라 오히려 하느님께만 속한 것이라면, 세상은 단순히 '세상적'인 것으로 이해되거나 혹은 인간의 평화로운 다스림과 지성에 맡겨진 실재의 총체로 받아들여져야 한다. 그럼으로써(또 다른 중요한 귀결로서) 역사는 인간이 스스로의 자유를 행사하고 그 어떤 두려움도 없이 자신의 지성을 사용할 수 있도록 부름 받은 장소가 된다. 이런 식으로 인간은 자유롭고 책임을 지닌 자기 운명의 주인이 되고, 스스로의 능력을 의식하며 자신과 인식의 해방으로, 실재의 변화를 향한 점진적 해방의 과정으로 나아가게 된다.

3장 신약성경에 나타난 하느님

들어가며

이제 신약성경에서 조명된 하느님의 정체에 대해 이야기해 보도록 하자. 이에 대한 특별한 정보를 규합하기 위해 신약성경을 총체적 안목으로 들여다볼 것이다.

그런데 우선 다음 사실을 짚고 넘어가는 것이 좋겠다. 초대 그리스도교 공동체 구성원들은 하느님을 찾아 헤맬 고민을 하지 않아도 되었다. 하느님 존재의 확실함은 그들에게 이성적 연구의 결과가 아니었다. 바로 그리스도가 인식 전환의 동기였다. 하느님 친히 그리스도를 통하여 역사 안에 현존하셨고 인간의 구원을 이루신 것이다. 이 진리는 이미 명백했으므로 이성의 증명

대상이 아니라 오로지 선포의 내용이 될 뿐이며, 이 선포에는 경청과 신앙의 복종이 잇따랐다. 이 모두가 다음의 근본 내용을 이해하는 데 중요하다. 곧 하느님에 대한 인식과 그분에 대한 믿는 이들의 체험은 신약에서 보여 주는 대로 '사람에게서' 난 것이 아니라는 사실, 곧 인간이 노력한 결과나 특별한 공헌의 결실이 아니며 오히려 하느님이 누구에게나 주실 수 있는 순수한 선물이라는 사실이다. 아울러 증인들의 선포 덕택으로 그분의 말씀이 이르는 곳 어디에나 신앙과, 하느님에 대한 인식과, 구원이 꽃피게 된다는 사실이다.

1. 선조들의 하느님

신약성경은 이스라엘 역사 안에서 당신을 계시하신 하느님에 대해 계속해서 언급한다. 그리스도교 공동체의 하느님은 선조들의 하느님(루카 1,72; 사도 5,30; 7,45), 아브라함과 이사악과 야곱의 하느님(마태 22,32; 사도 3,13), 이스라엘과 계약을 맺으신 하느님이시다(마태 2,6; 사도 3,25; 13,17; 로마 9,4; 갈라 3,17).

하느님을 생각하는 이런 사고방식을 통해 그리스도교 공동체는 선택된 백성의 모든 신학적 유산을 상속받고 이를 공유한다.

사도들과 제자들이 이스라엘 백성의 일원이었다는 점, 그리고 초대 공동체의 상당수가 유다계 그리스도인으로 구성되었으며 그들은 아브라함의 하느님, 이사악의 하느님, 야곱의 하느님을 인정하고 신앙을 고백했다는 점을 잊어서는 안 될 일이다. 따라서 그 시초부터 그리스도인들은 구약성경을 부정하지 않고 자기네 책으로 받아들였으며, 이를 견고한 토대 삼아 예수의 인격과 사명, 그분에 의해 선포된 하느님을 이해했던 것이다.

이 사실은 매우 중요한 의미를 지닌다. 나자렛 예수에 의해 계시되고 그 예수를 믿는 이들이 고백하는 하느님의 '새로운' 면모들은, 구약에서 밝혀지고 이스라엘이 믿었던 그 하느님을 무효로 하지 않는다. 한 예를 들면, 신약에서도 하느님의 첫째 속성은 '유일성'이다. 이 유일신 신앙의 진리는 계시된 바와 같이 이스라엘 신앙의 근본이고 그리스도 교회를 위해서도 그러하다. 이 진리는 예수에 의해(마르 12,29 이하; 요한 17,3) 혹은 예수의 공동체에 의해(1코린 8,4; 로마 3,30; 1코린 8,6; 갈라 3,20) 분명히 고백된다.

주목할 것은, 유일신 신앙이 나자렛 예수와 그리스도인들에게 단순한 전통 신앙의 요소, 과거 신앙의 단순한 반복이 아니라 하느님 개념에서 포기할 수 없는 요소라는 점이다. 신약성경이 다른 무엇보다도 유일하신 하느님이 모든 것의 원리이시며(1코린 12,6) 모든 이의 아버지이시고(에페 4,6) 모든 것에게 생명과 숨결을 불어넣어 주신다는 사실과 만물이 그분 안에 존재하고(사도 17,28) 그분이 항상 가까이 계심을 말하는 것은 그냥 우연히 떠오른 발상이 아니다. 이런 식으로 삶과 실재와 역사의 모든 국면이 유일하신 하느님의 빛 안에서 이해되는 것이다.

이미 이스라엘에게 그러했던 것처럼, 교회 공동체에게도 유일신 신앙은 언제나 삶에 영향을 미친다. 그것이 어떤 실천이나 특별한 삶을 선택하는 원리가 된다는 의미다. 하느님의 유일성을 고백하는 이들은 "어떤 과업을 인식하게 된다".[1] 그것은 하느님께 첫자리를 드리는 일, 온갖 우상을 버리고 모든 것 위에 그분을 사랑하는 일이다(마르 12,29 이하; 마태 22,21).

이스라엘 백성과 구약성경에서 이미 본 것처럼, 그리스도교 공동체와 신약성경에서도 하느님은 표현할 수 없는 추상적 실재가 아니라 오히려 두드러지게 '인격적'이다. 그분은 행동하시고 사람들이 그분을 알아본다. 그 행위는 단지 '익명으로', 조용하고 조심스럽게 이루어지는 것(우주적 행위)이 아니라, 구체적으로 볼 수 있는 행위(역사적 행위)이기도 하다. 그분은 어떤 순간, 어느 자리에 현존하셨고, 몇몇 사건의 주역이셨으며, 인간에게 말씀을 건네셨다. 또 그분 행위의 자유는 그분의 인격적 특성을 한눈에 드러내는 표지이기도 하다. 하느님은 그 어떤 내적 · 외적 필요에 의해서 움직여지신 게 아니라 자발적 결단으로 인간 역사 안에 들어오셨으며 인간과 친구 관계를 지속하신다.

역사 안에서 이루어진 하느님의 이 같은 행위에 대해 그분은 절대적으로 자유로우시기 때문에 인간 편에서의 계획은 불가능하고 예측할 수 없노라고 신약성경에서는 가르친다. 물론 하느님의 행동에 대해서 인간은 그 목적(구원)과 최종 결과를, 역사에 대한 신적 계획의 완수를 안다. 그러나 실현 방법과 때는 알 수 없다. 하느님은 당신 행동의 주인이시고, 더 위대한 자유 안에서 원하시는 때 원하시는 대로 행하신다. 그 누구도 그분의 선택에 대해 이의를 제기할 수 없으며, 그분이 하셔야 한다거나 하시지 말아야 하는 것들을 제안할 수 없다.

하느님 인격성의 보다 발전된 면모는 그분이 인간과 '대화하신다'는 사실이다. 하느님이 인간에게 다가오실 때, 그분은 '그의 온 존재를 요구하며 부르시고', 그를 관계 안에 끌어들이시며 그에게 책임 있는 '대답'을 기대하신다. 이 사실은 우리에게 하느님의 속성에 대한 가르침을 넘어, 비록 한계는 있으되 우리 인간은 구원 역사의 전적인 주인공이며 단순한 관객이 아님을 명백히 입증해 준다. 신약성경을 보면 하느님이 인간의 '응답'을 염두에 두고 계시다는 점이 매우 분명히 드러난다. 그분은 당신 스스로가 그 대답에 의해 '좌우되기를'(대답이 긍정적이든 부정적이든 상관없이) 원하신다. 하지만 인간존재가 주님의 막중한 협력자라는 것이 사실인 만큼, 그 무엇도 어느 누구도 하느님 구원 계획의 실현을 결정적으로 완전히 가로막을 수는 없다는 것도 사실이다. 마지막 결정권은 하느님이 쥐고 계시다. 구원 역사의 마지막 '아멘'은 하느님 몫이다.

신약성경은 하느님의 다른 속성들도 밝혀 준다. 영원함, 불가지성, 퇴락할 수 없음, 전능함, 절대성 등이다. 말하자면 하느님에 대한 일련의 '형이상학적' 속성들 혹은 가시적인 것들을 넘어 계신 그분의 존재, 그분의 실재에 관한 속성들이다. 그러나 신약성경은 하느님의 이 같은 탁월한 속성들보다도, 구원사 안에서 하느님의 행위를 통해 드러나는 사실을 훨씬 더 많이 언급한다. 하느님이 행하시는 일들을 보면 그분은 의로우신 재판관, 너그럽고 인내로우신 분, 선하시며 언제든지 용서하실 채비가 되어 계신 분, 자비롭고 호의 넘치시는 분, 희망과 평화를 주시는 분으로 나타난다.

하느님의 '전능함'은 특히 고려해야 할 점이다. 신약성경에서는 무엇보다도 우선 '구원적' 의미로 이해되며, 특별히 '십자가 사건'과 관련하여 해석된다. 십자가는 하느님 전능의 더더욱 위대한 표지다. 인간적으로 볼 때는 '어리석고', '걸려 넘어지는 장애물'이며 무력함과 패배의 상징이자 죽음의 도구인 그것을, 하느님 친히 한없는 지혜와 도움, 힘과 승리, 생명으로 변화시키신 것이다(1코린 1,18-25). 거듭 말하거니와 이 사실은 우리를 위해 중요한 귀결을 가진다. 하느님은 결국 예측할 수 없는 분이라는 사실이다. 십자가가 이 세상을 구원하고 또 (바오로가 말했듯이) 더욱 힘 있는 하느님 말씀이 되리라고 누가 감히 상상이나 할 수 있었겠는가? 이는 하느님이 결코 인간 이성의 덫에 갇힐 수 있는 분이 아니며, 오히려 인간이 그분에 대해 항상 경탄할 자세가 되어 있어야 한다는 것을 말해 준다.

또 신약성경은 하느님이 '사랑'이시라고 말한다(1요한 4,8.16). 말할 것도 없이 이것은 하느님에 대한 더욱 지고한 증언이다. 그런데 잘 이해해야 한다. 이것은 하느님에 대한 어떤 가능한 '정의'라기보다 '예수 그리스도를 믿는 이들의 공동체가 겪은 중요한 체험의 종합'이다. 그러므로 이 증언은 그리스도교 공동체가 얻어 낸 확신을 표현한다고 할 수 있겠다. 하느님은 인간이 당신과 통교하도록, 혹은 당신 생명에 참여하도록 허락하신다는 확신이다.

이 점을 알아듣기 위하여 우선 기억해야 할 것이 있다. 역사에 대한 신앙인들의 관점에 의하면, 시간은 세상 안에서 이루어지는 하느님의 행위에 따라 측정되는데 예수 그리스도께서 역사에 들어오심으로써 그 시간이 결정적 때를 맞이하게 되었다는 점이다. 예수 그리스도 그분을 통해 하느님은 '마지막' 말씀을 하신 것이다(히브 1,1). 이 '결정적 말씀'이 뜻하는 심오한 의미를 궁구해 본다면, 곧 하느님의 아드님이 우리 가운데 오심을 숙고해 본다면 이것이야말로 그분 '자유'의 결실이요 절대적 선물임을 깨닫게 된다. "그 선물은, 하느님이 그 사랑받는 인간에게 당신의 더욱 내밀한 생명으로써 행하시는 완전하고 무조건적인 통교에 있다."[2] 달리 말하면, 하느님은 그리스도 안에서 우리에게 당신 자신을 선사하셨다. 이렇게 하느님의 '자유'와 '자기 증여'(스스로를 내어 주심)를 바탕으로 '사랑'을 이야기할 수 있게 된다. 실상 사랑은 더욱 심원한 의미에서 무상의 투신이고 자유로운 생명의 교환이며, 사랑하는 이에 대한 너그러운 자기 개방이다. 이것은 또한 다른 이를 끊임없이 받아들이는 것이며, 그가 잘못한 후에라도 이 받아들임을 멈추지 않는 것이다. 그리고 사랑은 다른 이와 삶을 공유하는 것이라는 결정적이고 돌이킬 수 없는 성격을 띤다. 하느님의 사랑은 당신이 인간을 향하여 자유롭게 결정적으로 자기 계시를 원하신 것으로 드러나며(로마 5,8; 1요한 4,9; 티모 3,4; 요한 3,16; 계시의 결정성에 대해서는 로마 8,38-39 참조), 그리스도 안에서 비로소 꽃피우게 되었다. 이로써 우리는 "하느님은 사랑이시다"라고 여지없이 단언할 수 있게 된 것이다.

물론 이러한 진술은 하느님의 심원한 본성을 표현하고자 하는 시도의 출발점이 될 수 있다. 혹은 몇몇 신학자가 그러했듯이 하느님의 내재적 신비를 설명하기 위한 출발점일 수도 있다. 그러나 잊지 말아야 할 것이 있다. 신약성경에 따르면 이 진술은 우선적으로 나자렛 예수 안에서 잘 드러난 바와 같이 하느님의 행위, 곧 하느님의 일하시는 방식을 말하고 있다는 점이다.

2. 그리스도교의 독자성: 삼위일체이신 하느님

그리스도교의 하느님 개념은 단순히 이스라엘의 신앙을 되풀이하여 제시하는 것을 넘어 몇 가지 독창적이고 참신한 특색을 지니고 있다. 그것은 예수의 설교와 행동, 그리고 죽음과 부활 후에 그리스도교 공동체가 이루어 낸 이런저런 성찰의 결과요 도달점이다. 분명 그리스도인들의 하느님은, 지금까지 드러났고 구약성경이나 신약성경에서 증언한 속성과 탁월한 면모들로 특징지어지는 분이다. 그렇지만 이처럼 장려하고 논란의 여지 없는 특성들을 넘어, 이 하느님은 아버지와 아들과 성령이시며, 이렇게 구별되는 세 분의 공동체로서 본성과 생명과 사랑 안에서 한 분이시다. 곧 세 위격의 완전한 공동체이다. 이 세 위격은 각각 하느님의 한 부분을 구성하는 것도 아니고 세 분의 하느님도 아닌 완전히 '유일하신 하느님'이시다.

어떻게 그리스도교 공동체는 이 같은 단언에 이르게 되었을
까? 교회가 믿는 '삼위일체이신 하느님'의 의미는 무엇일까?

3. 삼위일체 계시의 예비

삼위일체에 대한 깨달음은 "계시의 완성자"[3]이신 예수 그리스도
로 말미암아 이루어졌다. 삼위일체에 대해 교회의 신앙이 가지
는 의미와 기원을 규명하기에 앞서 우리 스스로 질문해 보자. 삼
위일체의 계시가 구약성경 안에 예비되어 있노라고 말하는 것이
가능할까?

대답은 긍정적이지만 더욱 분명히 할 필요는 있다. 교회의 신
앙에 의하면 하느님의 세 위격적 실재의 계시에 어떤 '준비'가
있었으리라고 생각할 수 있다는 것이다. 이것은 구원의 참된 경
륜(여기서의 경륜은 구약에서 출발하여 신약에서 예수 그리스도에 의해 완성에 이
르는 과정이다) 혹은 하느님이 정하시고 진행하시고 생각하시고 지
혜로이 이끌어 가시는 당신의 개입 사건이 구약에서부터 준비되
어 있었던 것과 마찬가지다. 다른 말로 하면, 인간이 예측할 수
없었던 그리스도 사건에서도 그에 이르는 일련의 '진전 과정'을
볼 수 있듯이, 그와 똑같은 방법으로 삼위일체의 신비에 이르는

어떤 출발점을 상정할 수 있다고 본다. 직접적이고 분명한 사실 한 가지는, 이 진전 과정과 예비가 결코 정확한 '예고'나 삼위일체 계시가 미리 있었다는 의미일 수는 없으며 그런 식으로 이해해서도 안 된다는 것이다. 구약에 나타난 하느님의 자기 계시에 관련해서 볼 때 삼위일체 신비는 논란의 여지 없이 전혀 예측이나 예견이 불가능하며 새로운 어떤 것이다.

그러면 대체 어떤 의미에서 삼위일체 계시의 진전 과정을 상정할 수 있는 것일까?

무엇보다도 하느님에 대한 논의에서 구약과 신약 사이에 '연속성 있는 일련의 신학적 요소'가 있다는 것이다. 예를 들어 보자. 구약에서는 야훼께서 '유일한' 구원자 하느님이라고 말한다. 예수 그리스도의 하느님도 마찬가지다. 삼위일체이신 하느님 역시 '유일한' 분(요한 17,3)이고, 인간을 위하여 그리고 우리 구원을 위하여 당신 아들과 성령을 보내신 아버지시다.

구약성경을 삼위일체 계시의 예비로 이해하는 또 다른 방식을 보자. 신약성경에 따르면 구약성경에는 어떤 식으로든 아버지와 아들과 성령에 대한 계시의 발단이 되는 신학적 요소와 개념이 있으며, 이 때문에 신약성경 각 책의 저자들이 삼위이신 하느님을 말하면서 이 요소들을 사용했다는 것이다. 여기서도 예를 들 수 있다. '아들'을 말하면서 신약성경에서는 구약성경의 개념인 '하느님의 말씀'을 다시 가져온다. 이 '말씀'의 개념은 효력을 미치고 깨달음을 주며 역동성으로 충만한 실재를 가리킨다. 하느님의 말씀은 일깨우고 계시하면서, 말하는 분, 곧 하느님 자신을 드러내고 역사를 변화시킨다. 이 '말씀'은 세 가지를 지칭한다. 1) 우선 하느님이 인간에게 주신 '계명'(하느님의 원의를 드러냄: 탈출 19,20)을 뜻한다. 2) '예언'이나 당시 상황에 관련하여 선포하고 통고하며 방향을 지시하고, 치유하거나 위로할 목적으로 하느님이 하시는 발언을 묘사하기도 한다. 3) 어떤 경우에는 만물을 지어내고 보존하는 '창조'의 말씀을 지칭한다. 이에 주목할 것은, 하느님의 말씀은 야훼의 인격적 현존으로 주의를 환기시킨다는 사실이다. 그렇게 이 '말씀'이 매우 쉽게 인격으로 표현되는 것은 생각 없이 가볍게 만들어 낸 그런 것이 아니다. 그러므로 네 번째 복음서의 저자가 그리스도를 말하기 위해 '말씀'의 신학적 범주를 다시 취하는 데 (비록 의미가 변화되기는 해도) 아무런 어려움이 없었다는 사실을 잘 이해할 수 있다.

끝으로 구약을 삼위일체 계시의 예비라고 볼 수 있는 마지막 관점이 있다. 구약성경은 하느님 생명의 절대적이고 무한한 풍요로움을 끊임없이 증언한다. 이는 어떤 역사적 계시로도 결코 완전히 밝혀지지 않을 것이며 어떤 지성의 활동으로도 완전히 파악되지 않을 것이다. 이런 의미에서 구약성경으로부터 유래하는 간접적 확신이 있으니, 곧 지극히 높으신 하느님의 형언할 길 없는 신비의 인식에는 언제나 '그 이상의 것'이 있다는 사실이다. 이제 교회 공동체에 따르면, 나자렛 예수가 자신의 인격과 말과 행위로 하느님 신비의 최종 전망들을 밝혀 준다. 이 새로운 전망들은 선조들이나 이스라엘의 신앙을 결코 포기하거나 부정하지 않는다. 오히려 사람들은 그리스도를 통한 이 계시로 인해 하느님에 대한 인식과 그분과의 인격적 관계를 가늠하는, 전대미문의 새로운 조준점에 도달하게 되었다.

4. 신약성경의 삼위일체 계시

교회 공동체의 삼위일체 신앙고백의 기초는 예수 그리스도다. 아버지, 아들, 성령에 대한 신앙은 하느님 친히 나자렛 사람 예수를 통해 계시하신 내용을 해석하고 이해하여 선포한 것에 다름 아니다. 예수가 그리스도라는 선포는 삼위일체 신앙고백의 출발점이다. 더불어 삼위일체에 대한 '신앙고백'은 결코 포기할 수 없는 '그리스도교적 체험'의 결과라 할 수 있다.

그리스도에 대한 신앙에서 삼위일체에 대한 신앙으로 전이되는 진전 과정을 고찰하면서 우선 주목할 사항이 있다. 만일 주의를 다해 그리스도의 강생과 삶과 죽음과 부활을 숙고한다면 그 것이 삼위일체적 '구조'를 지니고 있다는 사실을 파악하게 된다. 이를 확인하려면 신약성경의 여러 부분을 살펴보는 것으로 충분하다. 그 안에서는 모든 저자가 그리스도 사건을 삼위일체적 맥락에서 표현하며 이해하고 있음을 분명히 볼 수 있다.

예컨대 공관복음 전승에서는 그리스도를 선포하면서, 이야기의 첫머리부터 생애의 정점에 이르는 순간까지 삼위일체적 전망을 드러낸다(마르 1,9-11; 마태 3,13-17; 루카 3,21 이하). 예수가 영 안에서 기뻐하며 아버지께 찬미를 드릴 때도 이 전망이 드러난다(루카 10,21). 또한 공관복음 전승은 신약의 유독 중요한 증언 중 하나를 담고 있는데, 마태 28,19의 세례 명령이 그것이다. "그러므로 너희는 가서 모든 민족들을 제자로 삼아, 아버지와 아들과 성령의 이름으로 세례를 주고 …."

이 중요하기 이를 데 없는 본문에서는 아버지와 아들과 성령 사이의 동일함을 명백하게 단언하고 있으며, 복음서 저자는 이를 예수가 직접 말한 것으로 편집한다. 이것은 한편으로 삼위일체 신앙과 공동체 안에 존재하는 세례 의식의 기원과 토대가 바로 나자렛 예수 자신임을 진술하기 위한 것이며, 다른 한편으로는 삼위의 이름으로 베풀어지는 그리스도교 세례 안에서 이루어지는 신앙인의 체험은 삼위일체 하느님과의 생생한 관계 맺음을 허용한다는 사실을 강하게 증언하기 위함이다.

사도들도 설교 중에 그리스도 사건의 삼위일체적 구조를 언급하는 것을 사도행전에서 분명하게 볼 수 있다(2,32 이하; 7,55 이하; 10,38; 11,15-17).

바오로 사도의 신학적 반성의 경우에는 다른 무엇보다도 '삼위일체 정식'을 통해 명백히 증언되는 삼위일체 신앙의 흔적이 보인다(2테살 2,13-14; 1코린 12,4-6; 2코린 1,21-22; 13,13 이하; 갈라 4,4-7; 티토 3,4-7). '삼위일체 정식'은 신약성경 다른 서간에서도 찾아볼 수 있다(히브 2,2-4; 10,29-31; 1베드 1,2; 2,4-5; 4,14; 유다 20-21).

그리스도의 신비를 삼위일체와 연관 지어 이해하는 그 밖의 진술과 증언은 요한계 문헌에 나타난다. 거기서는 삼위일체에 대한 성찰의 심화를 시사하는 내용이나(아들과 아버지의 관계: 1-12장; 성령의 역사적 사명: 14-16장; 신적 사랑의 통교 안에 인간을 받아들임: 17장) 몇몇 삼위일체 정식이 나타나 있다(1요한 3,23-24; 4,11-16; 5,5-8).

다시 말하면 이 모든 것은, 초기 그리스도교 공동체가 증언하는 대로 예수에 대한 신앙과 삼위일체 하느님에 대한 신앙이 불가분의 관계에 있다는 것을 우리에게 말하고 있다.

그럼에도 어떻게 해서 그리스도가 삼위일체 신앙고백의 출발점인지를 좀 더 잘 이해하기 위해서는 다음의 내용들을 고찰해야 한다.

1) 예수의 행적들.

2) '주님이신 예수'라는 정식. 이 정식은 그리스도에 대한 신앙의 종합이기 때문에, 신약성경과 초대 공동체에서 매우 중요하다.

3) 예수와 하느님의 관계.

4) 신약성경에서 예수에게 주어진 일련의 칭호.

5. 예수의 행적들

지상에서의 나날 동안, 예수는 "권위를 지니신 분으로서"(마르 1,22) 자신을 드러냈다. 복음에 의하면 이 권위는 예수가 하느님과 맺고 있는 유일무이한 관계에서 기인한다. 나자렛 사람 예수는 실상 하느님 그분의 이름으로 말하고 행동한다. 그분으로부터 어떤 예외적 사명을 부여받았으며 이런 견지에서 성령에 의해 '기름부음' 받았다는 자각을 드러낸다. 더 나아가 자신의 인격과 역사 안에서 성경의 말씀들이 성취되고 있음을 선언한다(루카 4,18-21). 이 예외적 '권위'는, 이를테면 율법을 해석하거나 아예 수정하는 데서 빈번히 볼 수 있으며, 당시 사람들과 벌인 일단의 논쟁들(안식일, 정결례, 성전 등에 관한)에서도 눈에 띈다.

한술 더 떠서 예수는, 엄밀히 말해 오직 하느님만 소유하실 수 있는 것들을 자신도 소유한 것처럼 '주장'한다. '율법을 완성하는 일'(마태 5,17), 죄의 용서(마르 2,10-11), 자신의 행위가 하늘나라를 증명하고 있다는 선언과 더불어 몇몇 사람에게는 무조건적 추종과 한계 없는 사랑을 요구하는가 하면(마태 10,37; 마르 14,26), 사람들에게 자신에 대해 명확한 입장을 취하도록 요구하기도 한다.

이 모든 것에도 불구하고 예수는 지상 생애 동안 결코 자신을 하느님과 쉽사리 동일시하지는 않았다. 그는 자신에 비해 '다른 어떤 분'이신 하느님에 대해 말하면서, 이스라엘의 신앙과 완전히 일치하여 유일신 신앙을 공공연히 고백했다(마르 12,29 이하).

그러면 이토록 모순적이고 부조화를 이루는 두 측면을 대체 어떻게 받아들일 것인가? 예수가 한편으로는 자신을 하느님과 같은 자리에 놓고, 다른 한편으로는 그분에게서 자신을 명백히 구별했다는 사실을 어떻게 이해해야 할까?

이에 대해서는 예수의 행업을 출발점으로 삼아 대답할 수 있겠다. 그는 살아가는 동안 하느님과 관련하여 마치 아들이 아버지에 대해 가지는 것과 같은 밀접한 관계를 가졌음을 보여 주었다. 예수가 말하고 행한 것을 보면, 글자 그대로의 의미로 합당하게 그를 '하느님의 아들'이라고 부를 수 있는 가능성이 제기된다. 이미 어린 시절에, 그리고 무엇보다도 공생활 동안 예수는 하느님을 제 아버지라고 말한다(루카 2,49; 마르 1,35-37; 마태 14,23).
복음서에 의하면 여러 기회에 그는 하느님 자신으로부터 '사랑
받는 아들'이라는 확증을 얻는다(루카 3,22; 9,35). 겟세마니의 그
특별한 비극적 순간에, 예수는 신뢰 가득한 '아빠'*Abbà*라는 말로
하느님을 부르며 그분께 자신을 내드린다.

공관복음서들에서 빈번하게 되풀이되는 이 내용은 요한 복음
에서 더욱 심오함을 띤다. 이 네 번째 복음에서 예수는 하느님으
로부터 파견된 아들(요한 3,16-17)로 소개되며, 그 아들에게 아버
지는 모든 것을 내주신다(요한 3,35). 예수는 주위 사람들을 격분
시킨다. 자신을 하느님과 동등하게 여기면서 무엄하게도 그분을
"내 아버지"라고 부른 것이다(요한 5,17). 엎친 데 덮친 격으로 예
수는 이렇게 말한다. 아버지께서 하시는 일을 자신도 하고 있으
며(요한 5,19) 그분을 알고 있노라고(요한 8,55), 그분으로 말미암아
살며(요한 6,57) 그분을 공경한다고(요한 8,49), 또 자신은 아버지 그
분과 하나이고(요한 10,30) 그분 안에 있고(요한 10,38) 그분에게서
왔으며(요한 16,28) 아버지의 것은 모두 자신의 것이라고(요한 16,15)
…. '아들' 그리스도와 '아버지' 하느님은 이토록 강하게 결속되어
있다. 요한 복음에 따르면, 누가 예수를 섬기면 아버지께서 그를
존중해 주실 것이다(요한 12,26). 아들을 공경하지 않는 이는 아버
지도 공경하지 않는다(요한 5,23). 누가 예수를 사랑하면 아버지께

서도 그를 사랑하실 것이고, 아버지와 아들은 함께 그에게로 가서 그와 함께 살 것이다(요한 14,21). 나아가, 세상이 창조되기 전부터(요한 17,24) 아버지는 아들을 사랑하신다(요한 5,20; 17,23.26). 아버지께서는 심판하는 일을 모두 아들에게 넘겨주셨고(요한 5,22) 아들을 증언하시며(요한 8,18) 세상이 존재하기 전에 아들이 누렸던 그 영광으로 역사 안에서 또한 아들을 영광스럽게 하신다(요한 17,1-5).

나자렛 예수의 정체를 정확히 밝히기 위해서 이에 덧붙여 고려할 측면이 있다. 신약성경에 나타난 예수의 삶과 설교에서 드러나는 측면으로, 예수는 끊임없이 자신의 하느님이며 아버지이신 분께 총체적이고 무조건적으로 자기 자신을 내드렸다는 사실이다. "내 양식은 나를 보내신 분의 뜻을 실천하고, 그분의 일을 완수하는 것이다"(요한 4,34). 하느님에 대한 갈릴래아 예언자 예수의 근본적 태도는 절대적 충실, 모든 것에 앞서 그분을 선택함, 항구한 의지, 그분에 대한 신뢰 어린 투신이다. 나자렛 예수의 '아들로서의 면모'는 아버지에 대한 사랑 가득한 '순종'이라는 표지로 삶 안에 구현되었다. 이는 그가 '아빠'라는 호칭으로 하느님을 부른 데서도 나타난다. 이 호칭에는 어린아이다운 신뢰와 애정의 표현을 넘어 어른이 부모에게 바치는 헌신적이고 존경에 찬 순종의 표현도 담겨 있다.

‘예수는 누구인가?’라는 질문에 대답하면서 마무리하자. 예수와 그의 아버지이신 하느님과의 유일한 관계를 절대적으로 배제할 수는 없다. 다시 말해 하느님이 ‘그의’ 아버지라는 것은, 그분이 여타 모든 존재에게 아버지가 되신다는 일반적 의미와 비교해 볼 때 근본에서부터 전혀 다른 의미인 것이다. ‘완전한 구별’과 ‘명백한 동등성’이 일치하고 동시에 사랑 가득한 ‘순종’이기도 한 이 관계는, ‘나자렛 예수의 독자성’을 규정한다. 그러나 이 관계는 예수의 독자성뿐 아니라 예수 그리스도의 하느님의 독자성도 정의하는 것이다.

바꿔 말하면 그리스도교 공동체는 예수가 다만 인간의 일원임을 단언하는 것으로는 그의 정체성을 표현하기에 충분하지 않음을 안 것이다. 예수는 하느님의 ‘유일한’ 아들이기 때문이다. 예수는 아주 심원한 의미에서 ‘신적 영역’에 속해 있다. 역사 안으로 들어오기 이전부터 그는 “하느님과 함께 계셨다”(요한 1,1). 이렇게 예수가 하느님의 존재에 속한다면, 아버지—아들의 관계는 하느님의 정체성을 이해하는 데 결코 간과할 수 없는 것이 된다. 따라서 이렇게 말할 수 있다. **“예수가 하느님과 자신 사이에 유지했던 구별은 하느님 신성의 한 부분을 구성한다.”**[4]

6. '주님이신 예수' 정식

이 정식은 초대 공동체의 그리스도 신앙의 종합일 뿐 아니라 "삼위일체 신앙 전체의 발단이 된다".[5]

이 정식은 초대교회의 전례 거행 시(필리 2,11), 세례 때(로마 10,9), 선교를 위한 설교에서(사도 2,36) 그리고 공동체 모임 때(1코린 12,3) 사용되었고 파스카 사건과 아주 밀접한 연관이 있다. 실로 부활 덕분에 예수의 제자들은 자기네 스승의 정체와 구원사 안에서의 고유한 위치를 명백히 깨닫게 된다. 파스카는 '명시적 그리스도론' 혹은 그리스도 신비의 충만한 이해와 선포의 시작을 알린다.

이 정식을 가지고 초대 공동체는 두 가지 근본진리를 나타낸다. 먼저 예수가 '신적 영역'에 속한다는 점이다. 그리스어로 '키리오스'*kyrios*, 곧 '주님'은 그리스어판 구약성경(LXX)에서 히브리어 '아도나이'*adonai*를 옮긴 거룩한 호칭이다. 그다음은 이렇게 말할 수 있겠다. 예수는 적극적으로 권위를 가지고 믿는 이들의 공동체에 현존한다는 점이다. 하느님은 그를 죽음에서 다시 일으키시면서, 나자렛 사람 예수의 완전한 정체는 바로 '주님'임을 계시하셨다. 그렇게 그의 인격과 역사를 깊이까지 들여다보면 하느님의 현존을 간파하게 되는 한편 그리스도가 공동체와 역사에서 점유하는 고유한 위치를 깨닫게 된다.

더 나아가 '주님이신 예수' 정식은 "상반된 긴장을 지닌 정식"[6]이니, 이는 서로 다른 두 진리를 동시에 나타내는 표지다. '예수'라는 이름은 실상 우리로 하여금 십자가에 못 박힌 그 사람, 비천하게 낮추인 그 사람, 가난 속에 살았고 또 (대개 모든 이가 그러하듯이) 유한성을 체험했던 그 나자렛 사람에게로 우리의 눈을 돌리게 한다. 반면 '주님'이라는 칭호는 이 동일한 인물의 드높여짐, 영광, 신적 신분으로 우리를 환기시킨다. 곧 그리스도의 정체는 오로지 서로 상반되는 것처럼 보이는 이 두 관점 또는 신분을 함께 취해야 이해될 수 있다는 사실을 일깨운다.

그런데 파스카 사건 안에서는 십자가에 못 박혔던 나자렛 예수가 누구인가 하는 것뿐 아니라, 그를 죽음에서 다시 일으키신 그 하느님이 누구인가 하는 것도 밝혀진 것이다. 사실 예수를 들어 높이시면서 아버지께서는 그가 파스카 이전에 했던 모든 '주장'에 대해 '맞다'고 하시며, 그가 하느님에 대해 말한 모든 내용과 그의 '하느님과 동격임' 내지는 하느님과 동등하다는 권리 주장을 비준하신 것이다.

이것이 의미하는 바는 무엇일까? 한 가지 분명한 점은 이것이다. 골고타에서 비참하게 죽어 간 그가 하느님과 똑같은 지위에 있다는 것이 근거 없는 소리가 아니라면, 이것은 하느님의 정체성을 '주님이신 예수'에 대한 그분의 '부성'을 제외하고는 생각할 수 없다는 사실, '하느님의 외아들' 나자렛 예수를 제외하고서는 생각할 수 없다는 사실을 내포한다.

4장 예수의 하느님은 아버지와 아들과 성령이시다

들어가며

앞서 말한 대로, 초대교회 공동체의 믿음에 의하면 예수에 대한 신앙과 삼위일체 하느님에 대한 신앙은 떼어 놓을 수 없다. 나자렛 예수가 그리스도임을 믿는 이는, 마찬가지로 하느님이 아버지와 아들과 성령이심을 고백한다. 이 연관성을 단언할 수밖에 없는 필연적 이유는 이미 본 것처럼 예수의 말과 삶에서 비롯된다. 여기서부터 예수와 하느님 사이에 존재하는 '동등성'과 그에 못지않은 '구별'이 생겨났다. 아울러 '주님이신 예수'라는 정식은 그리스도에 대한 모든 신앙의 종합이며 예수가 신적 영역에 속한다는 사실과 공동체의 삶 안에 영향력 있게 현존한다는 것을 의미하는데, 이 정식에 대한 주의 깊은 평가를 통해서도 앞에서 말하는 필연적 이유는 도출된다.

예수에 대한 신앙과 삼위일체에 대한 신앙 사이의 연관성 논의를 마무리 짓기 위해서, 아직 신약성경에 주어져 있는 다른 두 가지를 숙고해야 하겠다. 하나는 '예수와 하느님의 관계'이고, 또 그에 따른 것으로 신약성경이 예수에게 적용한 '몇몇 칭호의 가치'다.

1. 예수와 하느님의 관계

신약성경에는 예수와 하느님 사이에 존재하는 특별한 관계가 매우 의미 있는 세 본문에서 명확하게 나타난다. 바로 필리 2,6-11, 마태 11,27, 요한 1,1-18이다.

필리 2,6-11은 바오로 서간이 집필되기 이전 시기의 찬미가로, 50년 이전에 쓰인 것으로 추정된다. 여기서는 그리스도의 '순종'과 '다스림'을 말한다. '다스림'은 예수에게 선사된 것으로 보인다. "하느님께서도 그분을 드높이 올리시고 모든 이름 위에 뛰어난 이름을 그분께 주셨습니다"(9절). 이 다스림은 아버지를 향해 열려 있고 그분께 방향 지어져 있고 그분을 도달점으로 하지만, 이것이 예수의 다스림이 열등하다는 의미는 아니다. 오히려 예수가 '둘째 하느님'이 아니라 '주님'으로서 아버지 오른편에 앉아 계시며 하느님과 같은 분(6절)이라고 말할 수 있게 해 준다.

다른 한 가지 흥미로운 내용을 지적할 만하다. 이 찬미가는 아들의 선재성先在性을 명백히 언급하면서 그가 이 선재의 때에도 이미 복종과 겸손의 행동을 실제로 보여 주었음을 입증하고 있다. "하느님과 같음을 당연한 것으로 여기지 않으시고 오히려 당신 자신을 비우시어 …"(6-7절). 그러면서 찬미가는 예수의 순종과 자기 증여의 삶('위타 존재'로서의 삶)을, 선행하는 태도의 반영이요 일종의 연장선상에 있는 것으로 이해해야 함을 단언한다. 다시 말해 '아버지에게서 났고 아버지에게로 향하는 영원한 존재'가 역사 안에서 구현된 것이 예수의 삶이며, 이는 아들의 정체성을 특징짓는 것이다.

이와 함께 마태 11,27(루카 10,22 참조)에서 전하는 진술("나의 아버지께서는 모든 것을 나에게 넘겨주셨다. 그래서 아버지 외에는 아무도 아들을 알지 못한다. 또 아들 외에는, 그리고 그가 아버지를 드러내 보여 주려는 사람 외에는 아무도 아버지를 알지 못한다") 역시 몇 가지 흥미로운 지적을 하고 있다. 확실히 거기서 예수는 아버지의 완전한 계시자로 드러난다. 오로지 그리스도를 통해서만 인간은 아버지를 알게 되고, 아버지 하느님께로 이끌어 가는 그리스도를 통해서만 진정 효과적으

로 그분께 이를 수 있다. 아들에 의해 구원사적 경륜 안에서 전
개된 이 계시 기능은 아들과 아버지 사이의 특별한 관계에 기초
하고 있으니, 이는 역사로부터 독립하여 존재하는 관계다. 곧 구
원 경륜(혹은 구원 역사의 구체적 전개)은 그 신비의 '존재론'적 차원에,
혹은 신적 생명이 '그 자체로 그러한' 방식에 기반을 둔다. 이 후
자 안에서는 아버지-아들의 관계가 상호 교환적인 것처럼 보인
다. 바로 이 상호 교환성으로 인해 아들은 완전한 방법으로 자신
의 계시자 기능을 완수할 수 있다. 그렇지만 한 가지 주목해야
할 점이 있다. 오로지 아버지만이 아들을 알 수 있다고 부언하는
가운데 아들 자신의 '불가해함'과 '신비로움'도 선언된다는 사실
이다. 이것들은 오직 아버지에 의해서만 파악될 수 있는 종류의
것으로, 우리에게 아들의 위대함을 극명하게 보여 준다.

더욱이 강조할 점은 이 위대함이 아버지로부터 아들에게 주
어졌다는 것이다. "모든 것을 나에게 맡겨 주셨다"라고 예수는
말한다. 곧 아들은 참으로 아버지와 같은 지고한 생명을 소유하
지만 어디까지나 '받은 것'으로서 소유한다. 다시 말해, 아버지
께서 아들에게 당신 생명을 선사함으로써 아들은 그분의 생명을
소유하고 있다.

요한 복음 머리글(요한 1,1-18)에서는 하느님 말씀의 선재와 육
화, 그리고 말씀이 믿는 이들에게 자신을 선사하심을 언급한다.

어떤 의미로 저자는 이 머리글에서 아들의 존재를 특징짓는 여정을 회상하고 있다. 머리글에 나타난 세가지 국면(선재, 육화, 선포의 사명)에서 말씀(예수)과 아버지의 관계는 변하지 않는 것으로 나타난다. 이 관계는 '표준 척도'[1] 혹은 '해석을 위한 범주'의 일종이 되는데, 단지 예수의 역사와 인격에 대해서만이 아니라 하느님 자신의 실재에 대해서도 그렇다.

다른 무엇보다 강생에 선행한 선재의 첫 시기를 묵상하면서, 넷째 복음서 저자는 말씀이 영원으로부터 존재한다고 진술한다(여기서 쓰인 "말씀이 계셨다"라고 하는 문법상의 미완료형은 곧 하느님의 존재 양식을 가리킨다). 그런데 말씀은 하느님과 함께 또는 곁에 계시고 그분께로 향해 계시며 '하느님'이시다. 바꿔 말해 아버지와의 관계 안에서가 아니라면 말씀을 파악해 낼 수 없으며, 또 말씀이 가지는 하느님과의 '동등함'과 그분으로부터 '비롯함'이 이러한 관계 안에서 긴장을 형성하며 제시된다.

이 긴장은 같은 모양으로, 말씀의 존재의 역사적 국면에서도 확인할 수 있다. 사실 예수는 자신을 하느님과 같은 차원에 있는 것으로 제시했지만 그럼에도 '순종'을, 또 아버지께 대한 사랑 어린 동의와 자유로운 일치를 살아갔다. 이 순종은 예수가 아버지로부터 났으며 그의 존재는 아버지를 향하고 있다는 사실을 구체적 역사를 통해 보여 주는 '해석'이다.

아버지-아들의 관계(아들의 아버지와 동등함, 아들의 아버지로부터 비롯함)를 특징짓는 이 불변의 함수는 믿는 이들이 그리스도 사건을 체험할 때도 거듭 나타난다. "은총과 진리는 예수 그리스도를 통하여 왔다"(17절). "아무도 하느님을 본 적이 없다. 아버지와 가장 가까우신 외아드님, 하느님이신 그분께서 알려 주셨다"(18절). 여기서는 아들이 구원의 체험을 가능하게 해 주는 것이니, 그가 아버지에게서 왔고 아버지께로 돌아가기 때문이며, 그는 항상 존재했고 영원으로부터 아버지를 향하고 있기 때문이다.

2. 그리스도론적 칭호들

신약성경에서 몇몇 그리스도론적 칭호는 매우 중요한 위치를 차지한다. 믿는 이들의 공동체는 이 칭호들로써 예수의 정체성에 대한 확신을 힘 있고 분명하게 표현해 낸다.

공동체는 분명한 가치와 신학적 중요성을 가지고 이 칭호들을 말한다. 예를 들면 '창조의 중재자'(1코린 8,6; 콜로 1,16; 히브 1,2; 요한 1,3.10), '목적'(콜로 1,16), '피조물들의 머리가 되심'(에페 1,10) 등이다. 이에 더해 예수는 '보이지 않는 하느님의 모상'(콜로 1,15), '그분 본질의 모상'(히브 1,3)이라고 일컬어진다.

이 칭호들로 인해 예수의 신적 성격과 아버지로부터의 명확한 구별이 확연히 강조되고, 어떤 면에서는 이 둘 사이의 관계를 특징짓는 '위계질서'도 강조된다.

예수의 정체성에 대한 지금까지의 고찰로 미루어 볼 때, 신약성경 저자들이 기회가 닿는 대로 나자렛 예수를 '하느님'이라 부르는 것도 놀랄 일은 아니다. 다음 여섯 본문에서 이것을 볼 수 있다. 로마 9,5, 요한 1,1, 요한 20,28, 1요한 5,20, 티토 2,13, 2베드 1,1이다. 여기서 매우 흥미로운 사실에 주목해 보자. 이 본문들에서 그리스어 단어 '하느님'*theós*은 정관사 없이 나타나거나 어떤 형용사나 설명을 동반한다. 이것이 의미하는 바, 여기서 이 단어는 술어로 사용되었거나 서술적 의미를 가졌음을 뜻한다. 이런 식으로 사용한 이유는 다음과 같다. 신약성경 안에서 정관사를 동반한 그리스어 '*ò theós*', 곧 '하느님'이라는 '이름'은 곧바로 강하게 인격적 의미로 이해되는데, 이 이름은 거의 배타적으로 아버지께만 관련하여 사용되며 따라서 '아버지'와 '하느님'은 의미상 일치하기 때문이다.

3. 하느님은 '아버지'시다

하느님의 부성은 이미 구약에서 명백하게 선언되었으며, 이것이 그리스도교 계시에서는 전혀 새로운 의미를 포함하게 된다. 당신 피조물들의 아버지가 되기 이전에 하느님은 이미 '당신 자체로' 아버지시니, 영원으로부터 그분은 아들을 가지고 계시다. 그 아들은 그분에게 유일한 아들이며 그분과 함께 그분 안에 영원으로부터 존재하는 아들이다.

예수의 가르침과 행적에 기초하고 사도들의 체험에까지 거슬러 올라가는 그리스도교 신앙에 따라 '아버지'는 하느님 그분의 고유한 이름임을 단언해야 한다. '하느님'이라고 할 때는 즉시 아버지이신 그분을 떠올려야 하고, 한편 '아버지 되심'은 그리스도교 하느님의 첫째 기초 개념을 이루는 특징이 된다. "신약성경에서 '하느님'*ò theós*은 삼위일체의 제일 위격을 의미한다."[2]

하느님의 정체성을 이렇게 이해하는 것은 신약성경에서 볼 수 있는 특징적 진술 가운데 하나다. 이 진술은 산발적이지 않고 매우 자주 나타나는 것으로 보아 그 중요성을 알 수 있다. 사실 '하느님' 호칭을 다르게 사용하는 일련의 예외가 있다. 이 용어로 단순히 삼위일체이신 하느님을 지시하기도 하고(구약성경의 하느님에 대해 이야기하는 본문에서), 창조주 하느님 혹은 인간이 자연 이

성으로 포착할 수 있는 대상으로서의 하느님을 지칭하기도 하며, 몇몇 본문에서는 이 용어를 사용하여 아들인 예수를 명시적으로 가리키기도 한다. 이런 예를 제외하면 많은 경우에 이 '하느님'은 분명코 '아버지'를 의미한다. 많은 그리스도론적 호칭에서 이를 확인할 수 있다. '하느님의 아들'(요한 5,25), '하느님의 모상'(콜로 1,15), '하느님 본질의 모상'(히브 1,3) 같은 호칭이 그러하다. 어떤 경우에 하느님은 분명하게 '예수의 아버지'라고 불리거나(요한 6,27; 로마 15,6; 필리 2,11) 예수는 하느님으로부터 파견된 아들로 지칭된다(요한 8,42; 로마 8,3; 갈라 4,4). 한편 이따금씩 아들에게 작용하는 하느님의 행위(갈라 1,1)나 하느님을 향한 아들의 행위(요한 20,17)에 대해 말하기도 한다. '삼위일체 정식' 안에서도 하느님이라는 이름은 아버지를 지칭하고 있다(로마 15,30; 에페 4,4-6).

아버지의 정체성은 무엇일까? 소유한 생명의 형태와 속성에서, 아버지와 아들이 동등함에도 불구하고 아버지를 특징짓고 그분을 아들로부터 구별하는 것은 어떤 점들일까?

신약성경과 또 예수를 하느님의 아들로서 고찰한 결과를 바탕으로, 아버지의 정체성에 대해 다음과 같은 특징들을 열거할 수 있겠다.

● 아버지는 구약성경이 야훼라는 이름에 연관시켜 생각했던 모든 생명의 부요함을 지니신 분이다.

• 아들은 그분으로부터 기원을 가진다. 그 아들은 인간을 위한 아버지의 계획을 실현하기 위하여 "때가 찼을 때" 역사 안에 파견되었다.

• 아버지는 그리스도의 모든 행위의 최종 목적이다. 비록 그분을 볼 수 없지만 사람이 되신 아들을 통해서, 곧 영원으로부터 그분과 깊고 항구한 친교 안에 있는 아들을 통해 그분을 알아보게 되었다.

• 아버지는 부활 사건을 통해서 예수를 영광스럽게 하시고 그의 모든 선포와 업적을 비준하신 분이다.

나아가 신약성경에서 아들이 신성을 '받아' 소유한다고 여겨진 사실을 상기하면, 아버지는 신적 생명의 '원천적' 소유자가 된다. 그분은 아무에게서도 생명을 받지 않으셨으며 오히려 완전히 자유롭게 그 생명을 아들에게 주신다. 또 그분이 소유하신 생명은, 신적 지위를 공유하는 아들과의 관계에서나 피조물(이들은 자유로우면서도 한계를 지녔지만 그분의 무한한 광채를 찬란히 반영한다)과의 관계에서나 바로 그들에게로 '확산되는' 생명이다. 따라서 아버지는 사랑 안에서 '다른 존재를 생겨나게 하는' 분으로 나타난다. 그분은 당신의 풍요로움을 중히 여겨 고이 접어 두고 계시는 것이 아니라 확산시키고 나누어 주셨다. 그렇다고 해서 그 풍요로움을 상실하시지 않는다. 생명의 '선사'는 먼저 당신 자신 안에서 일어났으며, 그럼으로써 영원한 아들과 또 (앞으로 보겠지만) 성령에게 그 생명의 기원을 선사하신 것이다. 그다음에는 하느님 '바깥에서' 이 일이 이루어지는 것이니, 곧 존재하는 모든 것에게 그 생명의 기원을 주신다.

신약성경은 하느님 부성의 또 다른 의미들도 언급하고 있는데, 여기서는 그분의 자유로운 행위에 초점을 맞춘다. 하느님은 피조물들의 '아버지'시다. 그분이 당신 피조물들에게 존재를 부여하시고 사랑으로 이끄시고 정성껏 돌보시면서 끊임없이 섭리하신다는 의미다. 이러한 부성이 인간에게 관련될 때 그것은 우리 편에서는 곧장 자녀다운 신뢰의 특권(그분께 '우리 아버지'라고 부르며 청을 드려야 한다)이 되고, 그분 편에서는 우리를 용서하고 받아들일 채비, 자비로움, 자애, 돌보심, 배려, 영원한 생명을 함께 누리고자 하는 바람(요한 16,22)이 된다.

4. 신약성경에 나타난 성령

지금까지 예수의 정체성을 고찰했다. 그 정체성은 아버지께 선사받아 영원으로부터 소유한 신적 지위로 특징지을 수 있다. 이어서 하느님 정체성의 첫 번째 양상은 바로 그분의 부성(맨 먼저 아들과 관련하여 이해하고 난 다음에 여타 존재들과 연관 지어 이해해야 하는)임을 알게 되었다. 이제 관심을 성령으로 돌려 보자. 교회의 신앙에 의하면 성령도 신적 생명을 소유하시며 아버지와 아들과 더불어 한 분이시다. 어떻게 이 마지막 결론에 이르게 되었을까?

신약성경에 의하면 예수의 행위와 인격이 지닌 구원과 계시의 효력이 그의 지상 생애가 끝난 다음에는 영의 활동을 통해 계속되고 있다. 영의 활동은 설교와 예배, 개인적 체험(특히 기도 때), 믿는 이들의 용기 있는 증언에서 특별한 방법으로 알아볼 수 있다. 요컨대 초대교회는 성령을 체험했던 것이다. 이러한 체험을 통해 초대교회는 줄곧 예수가 함께 있음을 느꼈고, 예수의 삶 안에 위로자이신 파라클리토 성령이 현존함을 확인했다. 제각기 차이는 있어도 신약성경 저자들이 하나같이 증언하고 있는 데서 이 점은 분명해진다.

성령이 초대교회의 삶과 신앙 안에서 차지하는 막대한 중요성은 신약성경에 '영'*pneuma*이라는 용어가 나타나는 빈도수만 보아도 분명해진다. 신약성경에는 이 용어가 379번 사용되는데, 이는 신약에 비해 상대적으로 분량이 많은 구약성경에 378번 사용된 것과 대조를 이룬다.

성령은 누구인가? 예수의 가르침과 업적에서 기원하여 우리 신앙의 토대가 된 초대교회의 신앙에 따라 대답해 보자. 그러기 위해 신약성경의 주요 저작에서 볼 수 있는 성령론을 간단히 살펴보기로 한다.

4.1. 마르코와 마태오 복음의 성령론

두 복음서에서 '영'이라는 용어는 잘 나타나지 않으며, 이는 전체적으로 보아 상당히 '빈약한 성령론'을 증빙하고 있다. 여기서 예수는 자신의 지상 생애 동안 성령에 대해 별로 언급하지 않는다. 그러나 이는 그리 놀랄 일이 아니다. 예수를 단순히 '영이 내린 인간'이나 '영적 인간'으로 표현하는 것을 금하고, 그가 하느님과 가진 특별한 관계를 밝히 드러내려는 의도를 반영한 것일 뿐이다. 그러므로 여기서 영에 대한 언급은 나자렛 예수의 유일성과 그 안에 현존하시는 하느님을 최대한 강조하고자 하는 목적을 가진다.

4.2. 루카 복음과 사도행전의 성령론

루카의 저작들에서는 마르코나 마태오 복음에 비해 '영'이 자주 언급된다. 이는 루카 신학에서 성령이 차지하는 중요성을 단적으로 보여 준다.

물론 여기서도 영이 예수보다 우월하게 묘사되지 않도록, 또 예수가 '영이 내린 인간'으로 보이지 않도록 주의를 기울이고 있다. 예수는 영을 '받았지만' 어디까지나 그 자신이 행동의 주체로 남아 있고, 영을 선사하며, '영의 주인'이기도 하다.[3]

또한 루카는 영에 대해 말하면서 영의 작용이 볼 수 있는 것임을 역설하는 한편 그 작용의 효과로 '예언'이 있음을 증언한다. 더 나아가 영은 신앙 공동체에 속한 이들에게 주어지는 선물로, 이로써 교회의 시대는 활동하는 성령의 현존으로 특징지어진다.

4.3. 바오로의 성령론

바오로의 성령론적 고찰은 매우 심오하고 풍부하기 때문에 중요하게 다루어져야 하며, 놀라운 독창성을 엿볼 수 있다.

바오로에게 성령은 "전적으로 그리스도와 관련하여" 나타난다.[4] 이는 성령이 "그리스도를 알고 인정하며 그로 말미암아 살아가도록" 할 뿐 아니라[5] 성령이 하는 일은 그리스도가 행하는 일과 분리할 수 없기 때문이다. 오히려 바오로는 여러 곳에서 그리스도와 성령에게 몇 가지 유사한 행위와 효과를 적용하고 있다. 예를 들면 다음과 같다.

그리스도 안에서 의롭게 됨(갈라 2,17)	예수 그리스도의 이름과 우리 하느님의 영으로 의롭게 됨(1코린 6,11)

그리스도 예수님 안에 있는 이들 … 그리스도께서 여러분 안에 계시면 …(로마 8,1.10)	그러나 하느님의 영이 여러분 안에 사시기만 하면, 여러분은 육 안에 있지 않고 성령 안에 있게 됨(로마 8,9)
그리스도 안에서 충만하게 됨(콜로 2,10)	성령으로 충만하라 (에페 5,18)

어떤 본문들에서 바오로는 그리스도와 영을 함께 거론하기도 한다. 그 예를 1코린 6,11("여러분은 주 예수 그리스도의 이름과 우리 하느님의 영으로 … 거룩하게 되었고 또 의롭게 되었습니다")이나 1코린 12,13, 로마 9,1에서 볼 수 있다.

또 다른 본문들에서는 영-그리스도의 관계를 말하면서 예수의 부활과 현양을 특별히 강조한다(로마 1,3-4; 8,11; 1코린 15,45). 아버지의 뜻에 따라 인간 예수는 파스카의 여명이 밝아올 때 '영적 존재로 변모'했으며, 아버지께서는 부활한 그 예수가 세상을 위한 '성령의 원천'이 되게 하신다.

마지막으로 바오로 서간에서 처음으로 '그리스도의 영'(또는 주님·아들·예수의 영)이라는 중요한 표현을 만난다. 이 표현으로 인해 '영'은 아주 명백한 의미에서 그리스도론적 성격을 띠게 된다. 바오로 이전에는 야훼로부터 기름부음 받은 이(메시아) 위에 '하느님의 영'*ruah*이 머무르며, 이는 하느님으로부터 파견받은 이의 사명이 실현되도록 하기 위한 것이라고 했다. 그러나 '메시아의 영'에 대해 언급한 경우는 없었다.

이 '그리스도의 영'이란 표현은 2테살 2,8, 2코린 3,17b, 갈라 4,6, 로마 8,9, 필리 1,19의 다섯 본문에서 나타난다.

이 본문들을 주의 깊게 분석해 보면 영의 정체성을 규정짓는 근본 요소들이 드러난다.

- 영은 언제나 '하느님의 영'이다.
- 예수 안에서 영은 예수의 주권을 형성하고 그것을 드러내는 요소가 된다.
- 영은 예수가 지닌 하느님 아들이라는 지위에 인간이 참여하는 것을 가능하게 한다. 이 영은 영원으로부터 아들에게 속해 있고, 그가 죽은 후에 그를 영광스럽게 한 바로 그 영이다.
- 영은 하느님으로부터 파견되었고, 아들의 것이며, 믿는 이들 마음 안에 현존한다. 따라서 바오로에 의하면 영은 "무엇보다도 관계의 차원에서 파악된다".[6]
- 영은 어떤 행위('외치다', '증언하다' 등)를 할 수 있으므로 다른 대상(하느님, 아들, 우리) 안에 존재하는 인격적 주체로 나타난다.

• '하느님의 영'이 '그리스도의 영'인 한, "그 영은 하느님과 그리스도에게 공통된 존재이고 따라서 두 위격이 만나는 자리다".[7]

• 이처럼 영은 아들에게 속해 있으므로, 단순히 '그리스도의 영'이라고도 부를 수 있다.

따라서 다음과 같은 결론을 내릴 수밖에 없다. 바오로에 의하면 영은 여전히 하느님의 영으로 남아 있기는 하지만 그를 충만하게 소유하는 메시아에게 직접 적용할 수도 있다는 것이다. 이 영을 소유함으로써 아들은 그 자신이 이룩한 구원의 효력에 있어서 "하느님과 구원론적으로 동등한 차원"[8]에 있게 된다. 아울러 이러한 결론은 예수-하느님 관계의 고유성에도 어떤 빛을 던져 준다. 그 관계는 아버지의 영을 아들도 소유할 만큼 더할 나위 없이 내밀하고 심원한 관계다.

'그리스도의 영'이라는 표현에서는 그리스도론적 의미뿐 아니라 성령론적 차원의 가치도 강조되어야 한다. 사실 '그리스도의'라는 문법적 속격은 여기서는 대상 소유격, 그러니까 한 주체가 자신과 다른 대상을 소유함을 의미한다. 따라서 영은 아들로부터 명확히 구별된다는 결론이 그 표현에서 도출된다. 이에 더해 영은 주님과 인간의 통교를 가능하게 하는 존재로 드러난다. 그것이 가능한 이유는 "우선 근본적으로 영은 하느님과 그리스도의 통교 수단이기 때문이다. 이 영은 하느님의 유일한 영이다.

하느님이 그리스도가 당신의 모상이 되게 하시고 선택된 이들이 그 모상에 참여하도록 허락하시는 것은 바로 그 영을 통해서다. 바꿔 말하면 아들과 그 아들의 생명에 참여하는 이들 안에서 아버지께 기도하고 탄원하는 이는 똑같은 유일한 영이시다".[9] 따라서 영은 "무엇보다 하느님과 예수를 결속시키는 연결 고리이며, 하느님-아들과 믿는 이들을 결속시키는 관계이기도 하다".[10]

게다가 영은 바오로 서간에서 아주 분명히 '어떤 분', 곧 '인격적'으로 행위할 수 있는 존재로 나타나며, 구약성경에서처럼 결코 단순히 하느님의 '능력'이나 '힘', '생명'으로 묘사되지 않는다.

이렇게 그리스도의 정체성에서 출발하여, 마침내는 '영'이 가지는 대단히 중요한 면모를 더 잘 이해할 수 있게 된다. 즉, 예수가 하느님과 같은 차원에 있다면 "영도 하느님과 같은 자격으로 그와 같은 차원에 속하게 된다. 그리고 이 경우 영이 예수와 구별된다면 … 마찬가지로 하느님과도 구별된다".[11]

앞에서 보아 알 수 있듯이, 바오로 서간에서는 그리스도론과 성령론 간의 깊은 연관성이 극명하게 드러난다. 예수가 영을 소유하는 것이 그의 유일성을 강조한다면, 참된 메시아인 예수가 영의 실체를 이해하는 데 기여하는 바도 그에 못지않게 막중하다. 그것은 영을 아버지와 아들로부터 구분되는 인격체로 이해하게 하며, 영을 신적 존재와 신적 행위에 밀접히 연관시킨다.

마무리를 짓자. 바오로는 그리스도든지 영이든지 이 두 위격에 대하여 항상 하느님과의 관계를 염두에 두고 고찰했다. 이를 유념하면서 우리는 이렇게 결론을 내릴 수 있다. 하느님에 대한 바오로의 신학적 개념은 근본에서부터 삼위일체적인 것이다.

4.4. 요한 복음의 성령론

요한 복음의 성령론적 고찰은 아주 독자적인 관점을 보인다. 이것은 이미 영에 대한 일단의 칭호['진리의 영', '위로자–파라클리토 (Parakletos)' 같은]에서 드러나며, 신약의 다른 책들에서는 찾아볼 수 없는 진술들을 통해서도 알 수 있다. 예를 들면 성령의 선사와 죄를 용서하는 권한을 연결시킨다["성령을 받아라. 너희가 누구의 죄든지 용서해 주면 그가 용서를 받을 것이고, 그대로 두면 그대로 남아 있을 것이다" (요한 20,22-23)].

한편 이 복음은 예수를 '영이 내린 이'로 묘사하지 않도록 주의하면서 '아버지와 아들의 일치'에 집중한다. 이 일치는 인간이 그리스도를 통해 하느님과 만날 수 있는 가능성의 기초가 된다.

예수의 주권에 대한 강조는 그를 성령의 수여자로 제시하는 데서 볼 수 있다. 몇몇 경우를 보면 이렇다.

1) 요한 복음의 그리스어 원문은 예수의 죽음을 전할 때, 십자가에 달리신 예수가 "고개를 숙이시며 영을 '넘겨주셨다'*parèdo-*

ken tò pneuma"(요한 19,30)라고 진술한다. 이는 "일반적이고 또 교의상으로 아무런 의도도 없는 표현을 사용하는"[12] 마태 27,50("영을 떠나보내셨다")이나 마르 15,37, 루카 23,46("숨지셨다")과 다르다[『성경』(한국 천주교 주교회의 2005)에는 모두 "숨을 거두셨다"로 번역되어 있다 — 옮긴이 주].

2) 예수의 여러 약속에서도 볼 수 있다(요한 3,16; 15,26; 16,7).

3) 부활 후 제자들과 만나는 장면에도 나타난다(요한 20,21-23).

요한 복음의 중요한 진술 두 가지가 더 있다.

1) 성령의 선물은 언제나 예수에게 종속되어 있거나 적어도 예수의 현양 다음에 뒤따른다.

2) 성령의 파견은, '진리와 말씀이신 분'이며 그 안에서 하느님과 인간이 만나게 되는 그 '그리스도를 통해' 믿는 이들이 구원받도록 한다. 여기서 이 말씀과 진리를 받아들이게 하고 믿는 이들 안에 머물게 하는 분은 위로자 성령이시다. 영은 또한 '말씀'을 사람들에게 밝히고 사람들이 '말씀'을 향해 자신을 열게 한다. 그럼으로써 말씀은 생명과 구원의 원천이 된다.

이렇게 요한 복음을 고찰하면서 성령의 정체성을 다음과 같이 유추해 낼 수 있다.

1) 성령은 관계적 실재다. 실상 이는 아버지와의 관계 안에서(요한 14,16; 14,26; 15,26; 16,13), 아들과의 관계 안에서(요한 14,16;

14,26; 15,26; 16,13-14; 16,7), 제자들과의 관계 안에서(요한 14,16-17;
14,26; 15,26; 16,7.13.17), 세상과의 관계 안에서 계속 묘사된다(요한
14,17; 16,8).

2) 성령은 행위의 주체다(머물다: 14,17; 듣다: 16,13; 가르치다: 14,26;
생각나게 하다: 14,26; 말하다: 16,13; 진리로 이끌다: 16,13; 죄를 밝히다: 16,8).

3) 성령은 몇몇 행위의 대상이기도 하다(주어지다: 14,16; 파견되
다: 14,26; 받아들이지 못하다: 14,17).

4) 구원사 안에서 아들과 비교해 볼 때 성령은 같은 활동을 하
며, 아들과 많은 유사 요소를 지닌다.

	성령	예수
제자들과 함께, 안에 있음	14,16 이하	3,22; 13,33; 14,20; 14,26
세상은 그를 받아들이지 않음	14,17	1,11; 5,53
아버지로부터 파견됨	14,26	5, 7, 8, 12장의 여러 곳
가르침	14,26	7,14 이하; 8,20; 18,37
증언함	15,26	5,13 이하; 8,13 이하; 7,7
완전한 진리로 인도함	16,13	1,17; 5,33; 18,37; 14,6

4.5. 신약성경의 성령론: 종합

확실히 신약성경에서는 논지가 정연한 성령론을 볼 수 있다.
그러나 신약의 성령론을 한 가지로 묶어서 생각해서는 안 된다.

그리스도론이 그렇듯 여기에는 공통성과 다양성이 동시에 존재하고, 발전 과정과 연속성도 있기 때문이다.

예수의 정체성과 구원 업적을 이해함에 있어서 초대 공동체가 일련의 과정을 거쳐 왔고, 또 그 과정의 결정적 순간이 파스카 사건이었던 것과 마찬가지로, 부활한 예수의 제자들은 성령의 실체와 사명을 깊이 알아 감에 있어서도 각자의 능력에 따라 서로 다른 방식으로 점차 깨달아 나갔던 것이다.

그러므로 성령은 우선 예수의 신비를 알아 가는 과정의 결정적 요소로 간주되었고(요한 14,26) 이로써 예수와 떼어 놓을 수 없는 관계를 가진 실재로 인식되었다. "이 그리스도-성령의 관계가 신약성경 성령론의 근원적 일치를 이루는 토대가 된다."[13]

한편 신약성경 성령론의 다양성은 신약성경 각 권의 편집에 따른 복합적 요인들에 밀접히 연관된다. 원자료들을 수집하여 편집한 저자들의 개인적 기여, 전통적 유다이즘과 헬레니즘과의 조우, 그리스도 사건에 비춘 구약성경의 재해석, 선교와 관계된 문제들, 개별 공동체가 가진 특정한 의문들, 예수의 말씀과 업적에 대해 점진적으로 심화되어 가는 이해 등이 그것이다.

이리하여 분명한 사실은 성령 자체에 대한 고찰, 그리고 예수와 그의 하느님과의 관계를 바탕으로 이루어진 예수와 성령에 대한 고찰, 이 두 가지가 훗날 삼위일체 신비의 교의적 발전을 이루는 근본 토대가 된다는 것이다. 교회 공동체의 발전 과정을 볼 때 교회와 믿는 이들이 지닌 신앙의 보다 면밀한 내용은 그다음 시기에 넘어가서야 비로소 명확해진다. 그렇다 하더라도 공동체는 언제나 신약성경에 나타난 예수를 신앙의 내용을 정당화하는 마지막 보루로 삼은 것이 사실이다.

5장 삼위일체 체험에서 삼위일체 교의로: 성자 예수 그리스도의 신비

들어가며

지금까지 살펴보았듯이 한 분이신 하느님은 단 하나의 거룩한 본성을 소유하면서도 서로 구별되는, 아버지와 아들과 성령이라는 세 위격의 공동체시다. 이 같은 하느님에 대한 신앙은 나자렛 사람 예수가 지상 생애 동안 말하고 행한 것과 그의 제자들이 파스카 이후에 깨달아 용기 있게 선포한 내용에 의지하고 있다.

이제부터는 신약성경 시대 바로 이후에 삼위일체 신앙과 관련하여 교회 공동체 안에서 일어난 일들을 살펴보자. 여기서는 교회에 특별히 중요한 국면을 다루게 된다. 이 시기의 교회는 팔레스타인 지역을 넘어 널리 퍼져 나가기 시작했고, 그리스도교가 탄생한 문화권과는 다른 문화와 민족들을 대면하게 되었다. 이런 상황에서 처음 몇 세기 동안 교회 공동체는 성령의 인도하심에 따라 삼위일체 신앙을 더욱 정확히 이해하고 표현해 내기 위한 일련의 과정을 겪어 나간다.

초세기 교회는 매우 중대한 두 과업에 직면하지 않으면 안 되었다. 1) 구약성경에서, 그리고 무엇보다도 예수의 가르침과 행위와 인격에서 기원한 하느님에 대한 신앙에서 배제하거나 포기할 수 없는 불가결의 요소는 무엇인가 하는 문제, 2) 그 하느님 개념을 더욱 적절히 표현하기 위한 '개념의 언어화' 문제였다.

이에 따라 초대 그리스도교 공동체는 세 가지 사항을 명확히 이해해야 했다. 1) 정통 교의, 곧 신앙의 요소들에 대한 옳은 견해는 어떤 것인가, 2) 신앙의 내용과 절대 타협할 수 없는 주장은 어떤 것들인가, 3) 계시된 진리를 더욱 적합하게 표현할 수 있는 개념과 용어는 어떤 것인가 하는 문제다.

1. 삼위일체의 현존과 체험

이러한 문제를 어떤 식으로 해결해 나갔는지 알아보기 전에, 신약성경 시대 직후의 교회 공동체 안에서 확인할 수 있는 중요한 사실이 있다. 교회 공동체의 삶 안에 이미 '삼위일체'가 '현존'하고 있었다는 사실, 곧 하느님 세 위격에 대한 믿는 이들의 '체험'이 벌써부터 존재했다는 사실이다. 이는 매우 의미심장하다. 삼위일체 신앙이 신학적·이성적 고찰 대상이 되기 이전부터 이미 믿는 이들의 삶에 불가결한 부분이 되어 있었음을 입증하기 때문이다. 초창기 그리스도인들에게 삼위일체는 '천상적 정리定理'가 아니며 삶과 분리된 단순한 의견이나 별반 상관없는 진술이 아니다. 오히려 삼위일체는 사랑의 대상이고 기도의 도달점이자 배경이며, 나날의 삶에 항구한 지침이자 신앙과 희망의 동기가 되었다. 그리고 서로 사랑하도록 믿는 이들을 촉구하며 구원의 기초가 되었던 것이다.

이를 분명히 확인하려면 초기 교회 공동체 삶의 중요한 순간과 몇몇 요소, 신앙고백을 살펴보는 것으로 충분하다. 거기서 삼위일체 하느님이 차지한 결정적 위치를 파악할 수 있다.

최초의 증거는 '세례 예식'에서 나타난다. 세례를 통해 신앙인은 교회 공동체의 일원이 되는데, 이 예식은 처음부터 삼위이신 하느님에 대한 신앙을 극명하게 보여 주는 구조와 전개를 가지고 있다. 『디다케』*Didakè*는 말한다. "세례 예식은 이렇게 거행할 것이다. … 아버지와 아들과 성령의 이름으로 자연수로써 세례를 베풀 것이다."[1] 성 유스티누스St. Iustinus(2세기경)는 이 신앙 입문성사를 받는 이들에 대해서 "우리가 다시 태어난 것과 똑같은 방법으로 그들 역시 다시 태어나게 된다. 곧 모든 것의 아버지시며 주님이신 하느님과, 우리 구세주 예수 그리스도와 성령의 이름으로 그러하다"[2]고 말한다. 성 이레네우스St. Irenaeus(2~3세기)는 이렇게 전한다. "그 무엇보다도 신앙은 하느님 아버지, 강생하시어 죽으시고 부활하신 그 아들 예수 그리스도, 그리고 성령의 이름으로 죄 사함을 위한 세례를 받았음을 기억하도록 우리에게 권고한다."[3]

이와 더불어 중요한 증거는 신경信經들이다. 신경은 사도로부터 전해져 온 신앙의 종합이며 교회 공동체에 속한다는 표지다. 신경에서는 인간을 위해 죽으시고 부활하신 하느님의 아들 그리스도에 대한 신앙, 창조주시며 구원의 근원이신 하느님 아버지와 성령에 대한 신앙을 고백한다. 세례 예식, 곧 그리스도의 죽음과 부활에 참여하게 하는 전례를 거행할 때 신경을 고백한다는 것은 구원이 그리스도와 삼위이신 하느님의 업적이라는 확신을 입증한다. 세례는 바로 그분의 이름으로 베풀어지고 있는 것이다. 더불어 이 사실은 초대 공동체에게 삼위일체를 믿지 않고는 그리스도와 그분에 의한 구원을 믿는 것이 불가능했음을 의미한다. 예수는 진정한 구세주시니, 그분은 하느님 아버지의 아들이며 아울러 거룩하게 하는 성령을 선사하는 분이었다.

신경 가운데 초기 것으로 '사도신경'이 있다. 지금 볼 수 있는 이 신경의 형태는 3세기에 성립되었으나 그 골자는 사도 시대까지 거슬러 올라간다. 사도신경은 고백한다.

전능하신 하느님 아버지를 믿나이다.

그리고 그 외아들 우리 주님이신

예수 그리스도를 믿나이다.

그분은 성령으로 인하여

동정녀 마리아에게서 태어나시고

본시오 빌라도 치하에서

십자가에 못 박혀 돌아가시고 묻히셨으며

사흗날에 죽은 이들 가운데서 부활하시고

하늘에 오르시어

아버지의 오른편에 앉으셨으며

그리로부터 산 이와 죽은 이를

심판하러 오시리이다.

또한 성령을 믿으며

거룩한 교회와

죄의 사함과

육신의 부활을 믿나이다.

삼위일체 신앙이 중요했음을 보여 주는 여타 증거는 순교의 행
적을 기록한 초세기 그리스도교 문헌들에서 찾아볼 수 있다. 신
앙의 숭고한 증거자이며 하느님에 대한 충실성과 일치의 모범인
순교자들은 사형이 선고되고 죽임을 당하기 전에 삼위일체 신앙
을 고백·선포한다.

초세기 신자들의 기도에서 볼 수 있는 삼위일체 신앙의 증언
도 이에 못지않게 중요하며, 이에 대해서는 주목할 만한 많은 예
가 있다. 그중 2세기경의 것으로 추정되는 한 저녁기도 찬미가
가 대단히 의미 깊고 아름답게 삼위일체 신앙을 고백한다.

고요한 광명, 영원하신 아버지와
예수 그리스도의 거룩한 영광이여,
해가 지는 이 시간,
떠오르는 저녁별을 바라보면서
성부와 성자와 하느님의 성령을
우리는 찬미하나이다.
거룩한 노래로 언제나 찬미함이 마땅하오니
우리에게 생명을 주신 하느님의 아들이시여,
그로 인해 온 세상이 당신께 영광 드리나이다.

성찬기도에서도 분명한 삼위일체적 구조를 볼 수 있는데, 그 예로는 로마의 히폴리투스Hippolytus Romanus 시대(3세기경)까지 거슬러 올라가는 성찬기도를 들 수 있겠다.

이렇듯 주님의 만찬은 바로 삼위일체의 이름으로 거행되었고, 성 유스티누스는 중요한 문헌에서 이렇게 말하고 있다.

> 우리의 모든 봉헌 안에서 우리는 우주의 주재자이신 분을 찬양하는 것이니, 그분의 아들 예수 그리스도와 성령을 통하여 찬양을 드린다.[4]

마찬가지로 영광송도 그리스도교 공동체의 삼위일체 신앙을 극명히 드러낸다. 2세기경의 것으로 보이는 한 영광송을 살펴보자. "성부께서는 성자를 통하여 성령 안에서 영광 받으소서." 히폴리투스가 전하는 영광송도 있다. "그분(그리스도)은 우리를 위해 사람이 되신 하느님, 또한 아버지께서는 만물을 그분(그리스도) 아래 굴복시키셨도다. 성부와 성령과 더불어 그분께 영광과 주권이 거룩한 교회 안에 이제와 세세에 영원히 계시나이다. 아멘."[5]

알렉산드리아의 클레멘스Clemens Alexandrinus(150년경 출생)가 전하는 매우 아름다운 영광송도 있다. "밤부터 한낮까지, 마지막 날까지, 오직 성부와 성자께, 성자와 성부께, 교사이며 스승이신

성자께, 더불어 성령께도 감사의 찬미를 드리나이다."[6] 오리게
네스Origenes(3세기경)의 것도 볼 수 있다. "찬미로 시작된 기도를
찬미로 마치는 것은 마땅하오니, 예수 그리스도를 통하여 성령
안에서 만물의 주인이신 아버지께 찬미와 영광을 드리나이다.
그분께 영광이 세세에 영원히 계시나이다."[7]

삼위일체 하느님 '체험'에 대한 놀라운 증언은 교부와 그리스
도교 저술가들의 성찰에서 드러난다. 삼위일체에 대한 그들의
성찰은 대개 그들 자신이 사제와 주교라는 사목자 입장에서 하
느님 백성의 유익을 위해 계시 진리를 궁구한 것이다. 따라서 이
는 그들이 속한 공동체의 신앙을 보여 주는 증언이 될 수 있다.

1세기 말엽과 2세기 초에 이미 호교 교부들에게서 삼위일체
신앙고백의 확실한 증거가 발견된다. 92년부터 101년까지 로마
주교를 지낸 로마의 클레멘스Clemens Romanus는 말한다. "우리에
게는 한 분이신 하느님, 한 분이신 그리스도, 우리 위에 내리신
한 분 은총의 성령이 계시고 또 그리스도 안에 하나의 부르심이
있지 않습니까?"[8] 안티오키아의 성 이냐티우스St. Ignatius Antio-
chenus(2세기경)는 기회가 닿을 때마다 그리스도의 신성을 단언하
고 성령의 업적에 대해 언급한다.

교회의 신앙에 대한 2세기의 위대한 증거자로 성 이레네우스
가 있다. 당대의 신학적 오류들을 논박하면서 신앙을 깊이 성찰

한 저술들에서 이레네우스는 '유일신 신앙'과 '성자의 신성', 그리고 성령의 성화 활동에 대해 설파하고 이를 옹호한다.

> 하느님은 만물 위에 드높으시다. 그렇지만 말씀께서는 만물과 함께 계시니, 아버지께서 만물을 창조하신 것은 바로 그분을 통해 이루어진 까닭이다. 그러나 또 우리 안에는 성령께서 계시고, 그분은 "아빠, 아버지"라고 외치시며 인간을 하느님과 닮게 하신다.[9]

> 만물 안에 만물을 넘어, 오직 한 분이신 하느님 아버지와 한 분이신 말씀과 한 분이신 성령, 그리고 그분을 믿는 모든 이를 위한 단 하나의 구원이 있을 뿐이다.[10]

초기 교회의 삼위일체 신앙을 증거하는 권위 있는 인물 가운데 테르툴리아누스Tertullianus(†220~230년경)가 특기할 만하다. 그는 삼위일체 개념을 언어화하는 데 크게 공헌했다. 테르툴리아누스는 성부와 성자와 성령을 '삼위일체'Trinitas[11]로 정의했고 삼위에 있어서 '실체substantia의 일치'를 주장했다. 이 실체상의 일치는, 성자가 '성부의 실체에서부터 기인하고' 성령이 '성부로부터 성자를 통하여 비롯한다'는 데서 기인한다. 동시에 그는 삼위가 실질적으로 구별된다고 단언하면서, 여기에 삼위 각각의 독자성을 표현하기 위해 '위격'persona이라는 용어를 사용했다.

2. 삼위일체 교의 규명을 위한 노력

앞서 살펴본 바와 같이 초세기 그리스도교 공동체는 특별한 주의를 기울여 두 가지 문제에 집중했다. 하나는 하느님에 대한 복음의 가르침에서 절대적으로 중요한 핵심 내용이 무엇인가 하는 문제, 다른 하나는 이를 표현하기 위해 필요한 '언어화' 문제였다. 이 두 가지는 삼위일체 신비를 고찰할 때 어떤 식으로든 항상 따라다니게 된다. 그에 더하여 이 두 문제에는 교의적으로 불명료한 일련의 문제를 다루면서 이단과 정통 교의 사이를 왔다 갔다 하는 초세기의 신학적 반성 전체가 연루되어 있다.

여기서 잊지 말아야 할 점이 있다. 교부들이 사도 전래의 교회로부터 전수받은 신앙을 심화시키는 작업은 유다이즘과 헬레니즘의 사유 방식으로부터 강한 영향을 받은 사고 맥락 안에서 진행되었다는 사실이다. 곧 이러한 문화적 지평과의 만남과 충돌이라는 간과할 수 없는 배경이 있는 것이다.

3. 삼위일체에 관한 이단들

이제 초기 신학자들이 예수 그리스도에 의해 계시된 하느님을 고찰하면서 직면해야 했던 주요 문제를 살펴보기로 하자.

첫째는 성부와 성자의 관계를 정확히 이해하는 문제였다. 잘 알려져 있듯이 나자렛 사람 예수는 초기 공동체에 의해 '주님', '그리스도', '성부의 아들'로 선포되었다. 동시에 신약성경은 이 호칭들로 그의 '신성'을, 또 유일하신 하느님과 비교하여 그가 차지한 예외적 위치를 강조하고자 한다. 무엇보다도 교부들이 제기한 문제는 "하느님 아버지와 구별되는 한 인격의 신성을 견지하면서도 하느님의 유일하심을 진술할 수 있는 방법, 곧 성경에 의해 보전되고 이방인을 거슬러 굳건히 옹호되어 온 유다교 신앙으로부터 이어받은 유일신 신앙 체계에서 벗어남 없이도 위의 문제 해결이 가능한 진술 방법을 찾아내는 것이었다".[12] 다시 말하면 하느님의 '유일성'과 하느님의 '세 위격'에 대한 진술을 어떻게 병립시킬 것인가의 문제였다.

다른 문제도 있었다. 어떤 방법으로 성부, 성자, 성령의 '참된 구별'과 '완전한 동등성'을 조화시킬 것인가? 어떻게 해야 하느님이신 성부께로부터 구별되는 아들과 성령 역시 그분과 같은 차원에 계시다는 것을 설명할 수 있겠는가?

항상 그렇듯이, 복잡한 문제를 보다 간단하게 해결하는 방법은 문제를 '축소 환원'하여 해석하는 것이다. 예수에 의해 계시되고 교회 공동체가 믿고 있던 하느님의 신비를 설명하는 데도 그런 일이 있었다.

몇몇 예를 들어 보자. 우선 세 위격이 구별되면서 또 동등하지 않다고 가정해 보자. 즉, 하나가 다른 하나에 비해 '우월'하다거나 '하위'의 것이라고 하는, 일종의 위계질서가 신적 위격 간에 존재한다고 생각해 보자. 그러면 일견 문제는 해결된 것으로 보인다. 그러나 이 주장은 신약성경에서 제시하는 바와 초대교회의 신앙 내용을 거스르는 셈이다. 여기서는 성부와 성자와 성령이 신성에 관한 한, 완전히 동등하다고 말하고 있기 때문이다.

반대로, 성부와 성자와 성령이 서로 참으로 구별되는 존재가 아니고 단지 다르게 나타나는 양상들일 뿐이라고 가정해 보자. 그렇게 하나의 주체가 세 개의 가면을 번갈아 쓰고 나타난다는 식으로 세 위격을 생각해도 문제는 풀린 것처럼 보인다. 그러나 이 경우에 우리는 신약성경이 말하고 있는 내용, 곧 아버지가 그의 아들인 예수로부터 구별되고 성령이 예수와 아버지에게서 구별된다는 사실을 잊어버린 것이다.

한편 세 위격이 각자 완전한 신적 본질을 지니고 있노라고 한다면, 이때도 삼위일체의 역설이 초래한 난점은 해결된다고 할 수 있다. 그렇지만 이 주장은, 하느님은 한 분이며 유일하다고 교회가 고백하는 진리를 전적으로 뒤엎는 것이 된다.

삼위일체 신비에 대한 이 같은 잘못된 해결과 해석은 실제로 수세기에 걸쳐 제기되어 왔으며, 계시의 내용을 거스르는 것으로 여겨져 모두 교회로부터 거부되거나 인정받지 못했다. 이들은 '이단' 혹은 편파적이고 그릇된 해석으로 신앙의 진리를 손상시키거나 일단의 관점을 제거하면서 축소시키는 것들이다.[13]

초대교회 당시, 삼위일체에 대한 주요 이단은 다음과 같다.

1) 양태론modalismus: 성부, 성자와 성령을 단지 '유일한 하느님이 드러나는 세 가지 양상'으로 보는 잘못된 신학적 견해다. 양태론자들에 따르면 하느님은 외관상으로만 삼위일체로 보인다는 것이니, 곧 세상을 창조하실 때는 아버지로서, 구원 행위에서는 아들로서, 인간의 성화를 위해 활동하실 때는 영으로서 당신을 드러내신다고 주장한다. 이처럼 그릇된 신학적 전망은 대개 구약성경의 유일신 사상을 지나치도록 편협하게 해석하면서 등장한다. 이 같은 전망이 구약성경 신학의 영향이 강한 환경에서 발전한 것도 우연은 아니다. 이런 이단의 주창자 중에는 프락세아스Praxeas, 노에투스Noetus, 사벨리우스Sabellius가 있다.

2) 삼신론tritheismus: 사벨리우스가 주장한 양태론의 반대 의견으로 등장했다. 이는 세 위격의 실질적 구별을 강조하면서, 디오

니시우스 교황이 알렉산드리아의 디오니시우스Dionysius Alexandrinus에게 262년에 쓴 대로 "완전히 분리된 서로 다른 주체인 삼위 안의 거룩한 일치"에서 '일치'의 측면을 약화시킨 관점에서 나온 것이다. 이 이론에서는 두 가지가 불투명하다. 신적 위격들 간의 완전하고 불가결한 통교라는 개념과 하느님의 일체성에 대한 정당한 고려, 이 두 가지가 결여되어 있는 것이다.

3) 종속론subordinationismus: 성자와 성령을 성부보다 하위 존재로 보는 이론이다. 이 이단의 주창자들은 '로고스'*Logos* 성자와 성령을 '피조물' 혹은 '피조물보다 월등한 존재들'로 여기면서, 언제나 하느님보다는 하위 존재라고 주장했다. 그렇게 성자와 성령이 성부와 동일 본질임을, 곧 두 위격의 신성을 부정했다. 성자가 성부보다 열등한 존재라고 주장한 유명 인물 중 하나가 아리우스Arius다. 그는 256년에서 260년 사이에 리비아에서 태어나 336년 세상을 떠났다. 아리우스는 하느님의 절대적 유일성과 초월성을 주장하면서, 신적 본성은 나뉠 수도 없고 주고받는 통교도 있을 수 없다고 단언했다. 그에 따르면 하느님은 '낳음을 받지 않으신 제일원리'*agenetos arché*이시다. 그러므로 신약 성경의 표현을 빌려, 모든 세기에 앞서 '성부로부터 나신 성자'는 성부와 같은 존재 차원에 있을 수 없고 신적 본성을 지닐 수도 없다. 성자는 성부의 한 '피조물'이며 영원하지 않다. 즉, 성

자는 다른 피조물과 마찬가지로 무에서부터ex nihilo 창조되었다. 하느님은 로고스인 아들을 창조하신 순간부터 아버지가 되신다. 성자가 성부보다 하위라는 것은 말씀이 강생하고 일련의 변화를 거쳐 수난 당하고 죽었다는 사실로도 재확인할 수 있다. 반면 하느님은 불변하시므로 그런 과정을 겪으실 수 없다! 한편 성부와 성자에 대해 성령이 하위 존재임을 주장한 이들은 4세기 후반 등장한 '성령 배격론자'pneumatomachi(성령의 신성을 거슬러 반대함)들과 '마케도니우스파'macedoniani(마케도니우스의 제자들)다.

4) 양자설adoptianismus: 그리스도론에 관한 이단이다. 여기서는 예수를 특별한 피조물로서 성부로부터 특정한 사명을 수행하도록 부름 받아 그분과 유일무이한 관계를 맺게 된 존재로 본다. 그러므로 예수는 만물의 창조주이신 그분과 비교하여 어디까지나 하위 존재로 머물러 있으며 따라서 신적 본성을 소유하지 못한 존재다. 이 이단의 대표 주자는 안티오키아 주교로 272년 사망한 사모사타의 파울루스Paulus Samosatenus다. 그는 그리스도가 "오로지 강생 후에 성부의 아들이라는 지위로 격상되었다"고 주장한다.[14]

이렇듯이 삼위일체의 역설을 규명해 보려는, 그러나 전적으로 오도된 해결은 이단들을 통해 발생했다. 이에 대해 교회 공동체가 어떻게 응답했는가를 살펴보기에 앞서, 초대교회도 삼위일

체의 신비를 고찰하고 설명하려는 시도를 하면서 그리 완벽하게
성공하지 못한 적도 있었고 불명료한 부분도 많이 있었다는 사
실도 아울러 기억해 두는 것이 좋겠다.[15]

4. 정통 교의에 따른 규명

삼위일체의 신비로운 역설을 왜곡·무효화하려는 다양한 시도
나 이단들과 격렬하게 투쟁하면서, 교회 공동체는 하느님 신앙
에서 '포기할 수 없는 내용'들을 확실히 정의할 기회를 가지게
되었다. 이 신앙 내용은 '모든 시대, 모든 장소에서 유효한 진리'
다. 그러므로 이것은 그리스도인으로서 하느님을 말하고자 하는
누구에게나 확실하며 결코 배제할 수 없는 준거가 된다.

　이 중요한 작업에는 많은 신학자가 온 힘을 다해 생각을 모으
고 기도하고 토론함으로써, 또 연구와 많은 저술을 통해 기여했
다. 이것들은 오늘날 우리에게도 매우 유용한 자료다.

　문제의 올바른 해결 방안은 초기 신학자들에 의해 명확해졌
다. 해결의 기본 토대는 매우 중요한 초세기의 두 보편 공의회에
서 선언한 교의적 정식(교회 구성원 누구에게나 표준이 되며 필수 불가결한
정식)에서 찾아볼 수 있다. 두 공의회는 제1차 니케아 공의회(325

년)와 제1차 콘스탄티노플 공의회(381년)다. 니케아 공의회는 특히 성자의 정체성과 성자가 성부와 맺고 있는 관계를 규명하는 데 총력을 기울였고, 콘스탄티노플 공의회는 성령의 정체성 규명에 비중을 두었다.

5. 제1차 니케아 공의회

이 공의회는 아리우스의 신학적 입장이 야기한 문제에 직면하여 이를 해결하고자 소집되었다. 앞서 말했듯이 아리우스는 하느님의 로고스인 성자가 하나의 피조물이며, 창조의 중개자 역할을 하기 위해 하느님에게서 출생했다고 주장했다. 성자가 피조물인 한, 그는 신적 본성보다 하위 본성을 지니는 것이다. 이러한 주장에 대하여 공의회의 교부들은 '전능하신 한 분 하느님 아버지'에 대한 신앙을 고백한 다음, 다음과 같은 용어로 그리스도에 대한 신앙을 천명한다.

> 우리는 한 분 주님이신 예수 그리스도를 믿는다. 그분
> 은 하느님의 아들이시고 아버지로부터 출생하신 외아
> 들, 곧 아버지의 본질에서부터 나셨으며, 하느님에게서

나신 하느님, 빛에서 나신 빛, 참하느님에게서 나신 참
하느님, 창조되지 않고 낳음 받으셨으며 아버지와 동일
본질*homoousios*이신 분으로서, 그분을 통하여 하늘과
땅에 있는 만물이 창조되었다.

그분은 우리 인간을 위하여 또한 우리 구원을 위하여
내려오시어 육을 취하시고 사람이 되셨으며, 수난을 당
하시고 사흘째 되는 날에 일으켜지셨으며, 하늘로 올라
가셨고, 산 이와 죽은 이들을 심판하러 오시리라.[16]

그리스도론을 다루는 이 단락의 첫 부분은 삼위일체 신학과 그
리스도론의 중추를 이룬다. 실상 나자렛 예수와 아버지 하느님
과의 관계를 규정하면서, 여기서는 진정한 '낳음'generatio(혹은 출
산)이 있었음을 단언한다. 이 '낳음'은 '창조' 행위와는 전적으로
다른 것이다. '낳음' 혹은 출산이라는 용어는 하느님 아버지께서
당신 아들에게 참으로 당신 생명을 부여하고 통교하신다는 의미
로 이해될 수 있다. 그렇지만 아들에게 부여되는 것은 '신적 생
명' 바로 그것이며, 결코 신적 존재 방식보다 열등한 존재 방식
이 아니다. 성자는 '하느님에게서 나신 하느님, 빛에서 나신 빛'
(여기서 신약성경에 나타난 몇몇 호칭을 다시 취한다)이시다. 그분은 성부와

'동일 본질'[다른 번역으로는 '한 본체', 그리스어로 *homoousios*, 곧 *hómos*(동일한)와 *ousía*(본질 또는 본성) 두 단어의 합성어다]이시다. 다시 말해서 성자는 성부와 그 존재 층위가 다르지 않다. 그러므로 성자는 여전히 성부와 구별되는 다른 존재지만, 하위 존재가 아니며 별개의 무엇도 아니다.

여기서 즉각 하나의 결론이 도출된다. 교회 공동체는 '오직 한 분 하느님'을 믿고 있었으므로, 성부와 성자는 '동일하고 유일한 신성'(혹은 신적 본질이나 신적 본성)의 서로 구별되는 소유자들임이 확실하다.

니케아 공의회에서는 성부와 성자 간에 단순히 어떤 유사함이 있다든가, 두 위격 간에 순전히 법적이고 윤리적인 일치 관계가 있다는 착상들을 거부했다. 이에 반해 "동일 본질*homoousios*이라는 용어는 성경의 진술들을 더 합당한 방법으로 옮겨 표현하고 있다(나와 아버지는 하나다. 아버지의 것은 모두 다 나의 것이다. 나는 아버지 안에 있고 아버지 또한 내 안에 계시다). [⋯] 이 용어를 사용함으로써 교회는 성부와 성자 간의 일치, 곧 우리 신앙이 직결된 그 일치가 가지는 절대적 초월성을 표현하고자 했다".[17] 이렇게 니케아 공의회의 교부들은 나자렛 예수가 신적 성자성聖子性을 소유했으며 또한 아버지와 동일 본질임을 확언하면서 인간 예수의 신성을 선포했다. 예수의 신성은 이미 케리그마*kerygma*에 의해 선언되었던 것으로, '예수는 주님이시다'라고 하는 과할 정도로 역설적인 초대 공동체의 주장이 이제 새로운 용어로 표현된 것이다. 공의회 교부들은 신약성경이 이야기하는 그대로 마리아에게서 태어나 기적을 행하고 하늘나라를 선포하고 십자가에 못 박혀 수난 당하고 죽고 묻혔다가 다시 일으켜진 나자렛 예수의 신성을 그들의 진술을 통해 선포했다.

이 '신학적 언어화' 작업에서 가장 주목할 사항은 공의회가 신약성경에 없는 '동일 본질'이라는 용어를 신경 안에 도입했다는 사실이다. 이 용어를 가지고 공의회는 "무엇보다도 성자가 그 본성상 신적이며, 아버지와 같은 존재론적 차원에 위치한다는 것을 극명하게 드러내고자 했다. 이 점 때문에 아들을 뵙는 이는 아버지를 뵙게 되는 것이다".[18]

다른 한편으로 니케아 공의회의 주교들은 삼위일체 신앙을 서술하면서 신성에 대해 말할 때 '발생적' 개념을 채택했다. 곧 성부는 일치의 정점이고 원천(한 분이신 하느님 아버지를 믿나이다)이시며 아울러 구별의 원천도 되시니(성부께서 성자를 낳으신다), 바로 이 성부로부터 신성은 비롯하는 것이다.

성령에 관한 신앙에 대해서는, 니케아 공의회의 정식이 그리스도론의 진리를 규명하는 데 집중하느라고 성령을 간과하는 것처럼 보인다. 그러나 공의회의 정식은 성령에 대해서도 마찬가지로 의의를 지닌다. 이 정식은 하느님과 주님이신 예수 그리스도에 대한 신앙('Credimus *in* unum Deum ⋯ et *in* Dominum Iesum Christum')을 선포한 후에, '우리는 성령을 믿는다'Credimus *in* Spiritum Sanctum라고 선언한다. 이것이 의미하는 바는, 성령과 관련한 신앙고백이 성부와 성자에 대해 선포된 신앙고백 형식과 똑같은 방법으로 이루어졌다는 것이다. 이 사실을 '우리는 ⋯ 믿는다' Credimus *in* ⋯라고 하는 세 위격에 동일한 정식에서 볼 수 있다.

어느 경우든지 다음과 같은 내용을 염두에 두어야 할 것이다. 비록 공의회 선언이 성령에 대해 잠시 언급하고 지나간다 하더라도 "분명히 그에 대한 교회의 신앙은 헤아릴 수 없을 만큼 풍부하고 생동적인 것이었다".[19]

6장 성령의 신비와 제1차 콘스탄티노플 공의회

들어가며

앞서 보았듯이, 교회가 하느님 신비에 대한 신앙을 이해하기 위해 노력한 해석의 토대는 교의적(올바르고 규범적인 것)으로 정식화되었고 무엇보다도 제1차 니케아 공의회에서 확정되었다. 이 공의회는 성부와 성자 사이에 존재하는 관계를 명확히 정의했다. 신약성경의 가르침에 근거해서 성부와 성자는 '동일 본질' 또는 서로 구별되는 위격이면서도 생명의 속성에서 동일한 존재로 선언되었으니, 아버지께서는 신성을 선사하시면서 그 원천이 되시고 영원한 아들은 이 선물의 결과인 까닭이다(아들은 피조물 혹은 하느님보다 하위의 존재가 결코 아니지만 아버지로부터 낳음을 받으신다).

삼위일체 신앙을 공언하는 데 결정적이며 매우 중요한 또 다른 보편 공의회는 381년 콘스탄티노플에서 개최되었다. 이 공의회는 성령의 정체성에 관해 일련의 이단이 야기한 문제들을 해결하고자 소집되었다.

이 공의회가 선언한 내용들을 고찰하기 전에 기억할 것은, 성령의 신성에 대한 교회의 신앙이 이미 아주 단단히 확립되어 있었다는 점이다. 비록 성령이 신학자들이 항상 특별하게 주의를 기울이는 고찰 대상은 아니었을지라도 말이다. 신학자들의 관심은 우선적으로 그리스도론적 문제, 곧 예수의 정체성과 하느님에 대한 그의 관계에 집중되어 있었다.

더 나아가 성령에 대한 논쟁은 이미 예견된 것이었다. 단지 파라클리토 성령의 신비를 이해하기 위한 것만이 아니라, 앞으로 보게 되겠지만 교회 공동체가 삼위일체 신앙을 표현하는 데 보다 적합한 용어들을 결정하기 위해서라도 예견된 논쟁이었다.

성령의 신비를 궁구하는 데 결정적으로 기여한 신학자 가운데 주목할 만한 이들은 아타나시우스Athanasius, 카이사리아의 바실리우스Basilius Caesariensis, 나지안주스의 그레고리우스Gregorius Nazianzenus, 니사의 그레고리우스Gregorius Nyssenus(바실리우스의 형제이며 나지안주스의 그레고리우스의 친우)로 모두 4세기 인물이다. 성령에 대한 그들의 고찰에 직접적 계기가 된 것은 4세기 중엽에 일어난 성령 논쟁이다. 논쟁은 몇몇 이단에서 불붙기 시작했는데, 그들은 성령이 하나의 피조물이고 따라서 성부와 성자보다 하위 존재라고 주장했다.

1. 아타나시우스

아타나시우스의 성령론은 무엇보다도 네 통의 편지로 이루어진 『세라피온에게 보낸 편지』에 잘 나타나 있다. 이집트 주교였던 세라피온은 어떤 신자들이 성령을 피조물이라고 주장하자 아타나시우스에게 도움을 요청한 것이다. 이 편지들(359~360년경의 저술로 추정)에서 아타나시우스는 직·간접적으로 성령을 언급하는 많은 성경 본문을 거론한다. 그는 성령을 하느님의 '또 다른 아들'이나 '아들의 아들'로 잘못 이해하고 있는 이들에 맞서 성령은 피조물이나 천사가 아닌 삼위일체 안에 있으며, 영원불변하고 무한하다고 주장했다. 또한 성령께서는 세상 창조에 참여하셨고 존엄성에서 성부와 성자와 같으시며 두 위격과 같은 본질이시라고, 성부와 성자로부터 기원하셨으며 그분들과 더불어 하나라고 단언했다. 이후 몇 년 동안 성령에 대한 논쟁은 더욱 격렬해졌는데 '성령 배격론자'라고 불리는 일단의 이단자들이 그 원인이 되었다. 그들은 성령이 피조물이고 아버지와 아들보다 하위 존재라고 주장했다. 아타나시우스는 성령이 성부, 성자와 더불어 동일 본질이심을 단언한 다음, 알렉산드리아 공의회(362년)에서 정식을 채택하도록 한다. 이 정식에 따르면 성령은 하느님 안에 존재할 뿐 아니라 "성부와 성자와 같은 본질을 지니시며, 그 본질에서 분리될 수 없다".[1]

이러한 '동일 본질성'에 대한 정식은 여타 지역 공의회들과[2] 다른 신학자들에 의해 다시 받아들여진다.[3] 그럼에도 여전히 해결해야 할 문제와 '언어상 불명료한' 점이 여럿 남아 있었다.

2. 대 바실리우스

언어 표현을 명료하게 하는 데 결정적으로 기여한 인물은 카이사리아의 주교 바실리우스다. 그는 『성령에 대하여』라는 논고를 쓰기 전에 자신의 형제인 니사의 그레고리우스에게 보낸 편지에서, '우시아'*ousía*라는 용어는 세 위격에 공통된 본질 또는 '근본적 존재 방식'[4]이라고 정의하는 한편 '히포스타시스'*hypóstasis*는 개별적 고유성에 해당한다고 말한다.

본질과 위격의 관계는 공통된 이름과 개별적 개체의 관계에 비례한다. 우리 인간 각자는 인간성을 부여받고 있기 때문에 인간으로 존립하지만, 인격적 고유성과 개별성을 가지고 있기에 이 사람 혹은 저 사람이 되는 것이다. 삼위일체에서도 마찬가지다. 삼위에게 '본질'이라는 용어는 바로 공통된 이름이다. 한편 '위격'은 한 분을 아버지로, 다른 한 분을 아들로, 또 다른 한 분을 성화시키는 분이라는 고유한 속성으로써 구별하는 개별적 고유성을 가리킨다.[5]

그러므로 성부와 성자의 본질*ousía*은 성령의 본질이기도 하다는 것을 인정해야 한다. 성령의 개별성이나 위격성은 "성령이 성자 다음에 인식된다는 사실에 입각한다. 그러나 이것이 본질에 있어서 구분을 수반한 것은 아니다".[6] 논고 『성령에 대하여』[7]에서 바실리우스는, 성령은 피조물*ktisma*이 아니며 성자의 종도 아니고 오히려 본성에 있어 거룩하시며(성자와 성령과 마찬가지로) 신적 본성에서 제외되지 않는다는 사실을 환기시킨다. 성령은 낳음 받지 않은 분이 아니고 낳음 받으신 분이지만, 하느님의 창조 활동의 결과가 아니고 성부로부터 발출*processio*하시는 분이다. 더불어 그분은 성부와 성자와 같이 영예를 받으시기에 합당하니,

그분들과 같은 존재 층위에 계시고 그분들과 분리될 수 없다. 성령은 성부와 성자와 함께 일하시고, 인간이 하느님을 알아보게 하는 선물이시다.

3. 나지안주스의 그레고리우스

그레고리우스는 성령론 논쟁에 참여하여 성령의 신성을 옹호하는 결정적이고도 확실한 기여를 했다. 그는 삼위가 동일 본질이며 유일하신 하느님이라고 확언하면서, "세 위격의 공통된 이름은 신성이다"[8]라고 덧붙였다. 한편 위격들의 고유한 이름은 존재의 '서로 다른 관계들'이나 상호 관계에서의 상이성을 가리킨다. 성령은 '발출'로 특징지어진다. 그분은 피조물이 아니라 성부와 성자와 동일 본질이시기에 두 분과 더불어 흠숭받으셔야 한다. 아버지와 아들과 마찬가지로 성령께서는 시작의 순간이 없으시며 영원으로부터 신성의 소유자시다. 아들과 마찬가지로 성령도 '아버지에게서' 기원하신다. 이렇게 볼 때, 성부의 고유성은 '낳음 받지 않은 존재'이며 아들의 고유성은 '낳음 받은 존재'이고, 성령의 고유성은 '발출되는 존재' 또는 아버지로부터 파견되는 존재다. 이 '발출'은 '낳음 받지 않은 존재'(성부)와 '(아들의)

낳음 받음'이 신비에 속한 것처럼 하나의 신비다. 이러한 발출을 파헤쳐 모든 신비를 이해하기란 인간에게는 불가능한 일이다.[9]

4. 니사의 그레고리우스

니사의 그레고리우스의 기여로 성령에 대한 고찰은 완전히 성숙하여 제1차 콘스탄티노플 공의회에서 결실을 보게 되었다. 이 공의회는 "그에 의해 준비되고 그로부터 영향을 받았으며(니사의 그레고리우스는 이 공의회의 주역 중 한 사람이었다) 그는 이 공의회의 일익을 담당하여 이를 계속해서 옹호해 나갔다".[10] 그는 성령 배격론자들과 온갖 삼신론에 대항하여 그들을 공박했다. 그들이 성령의 신성을 용인하기 어려운 이유는 바로 무지 때문이라면서 이렇게 설명했다. 성령을 반대하는 자들은 하느님의 명칭 'theós'를 성부와 성자에게만 적용하고 성령에게 적용하기를 거부하고 있지만, 실상 그것은 하나의 '명칭'일 뿐이다. 이어서 그레고리우스는 설명하기를, 이 명칭은 그리스어 théastai, 곧 '응시(관상)하다', '관찰하다'라는 의미를 가진 동사에서 유래했고, theatikè dynamis, 즉 '신성의 가시적으로 나타나는 능력(힘)'을 지칭한다. 이단자들은 "하느님의 본성은 불가해한 채로 남아 있다"[11]는 사실과, 하느님에 대해 올바로 말하기 위해서는 신성의 '작용'*enér-gheia*에서부터 출발해야 한다는 것을 잊어버렸다. 그런데 신성의 작용들은 세 위격이 구별된다 하더라도 동일하다. 따라서 이는 성부, 성자와 성령께서 같은 *ousía*, 즉 같은 본질을 소유하신다는 사실을 지시하고 있는 것이다. 이 본질과 삼위 각각의 독자성이 가지는 관계는, 이미 바실리우스가 주장했듯이 인간성과 개별 인간들 간의 관계에 비유될 수 있다. 성부와 성자와 같은 본질을 지닌 성령의 구체적 특성은 그분이 하느님과 그리스도의 것이라는 사실과, 성부로부터 오신다는*ekporeuómenon* 사실, 그리고 성자를 통해 주어진다는 사실이다. 또 성부는 원인*to áition*이시며, 성자는 성부로부터 직접 기원하셨고, 성령은 성부로부터 성자를 통해 오시는 분이다. 영예와 영광과 흠숭은 성부와 성자께뿐 아니라 성령께도 돌려드려야 마땅하다. 성부께서는 영원하시고, 성자께서는 영원으로부터 성부 안에 계시며, 성령께서는 영원으로부터 아들과 함께 계시다. 성부께서는 모든 권능의 원천이시고, 성자께서는 성부의 권능이시며, 성령께서는 권능으로부터 발하신다. 더 나아가 "피조물과 관련된 모든 신적 활동은 아버지로부터 시작하여 아들에 의해 전개되며 성령 안에서 완수된다".[12] 그러므로 성령께도 성부와 성자와 마찬가지로 최상의 흠숭*proskynesis*을 드리는 것이 옳다.

5. 제1차 콘스탄티노플 공의회

이 공의회에서 선언된 성령론 정식은 기나긴 시간에 걸쳐 노력한 과정의 종합이자 도달점이다. 신앙고백 안에서 성령은 무엇보다도 육화와 관련하여 '성령으로 인하여 동정녀 마리아에게서 나신 예수 그리스도를 믿는다'고 선언하는 부분에 등장한다.

그다음에 성령에 대한 신앙이 다음과 같이 명시적으로 선포된다. 곧 성령께서는,

- 생명을 주시는 주님이시다.
- 성부에게서 발하시는 분이다.
- 성부와 성자와 더불어 영예와 영광을 받으신다.
- 예언자들을 통하여 말씀하신다.

이 선언들을 평가하는 데 우선 주목할 것은 이들이 의미심장한 두 표현, 곧 '예수께서 성령으로 인하여 탄생하셨고', '예언자들이 성령에 힘입어 말하였다'는 표현을 앞뒤로 두고 있다는 것이다. 이는 성경이 증언하는 두 내용을 다룬 것으로, 전자는 마태 1,20과 루카 1,35의 내용이며, 후자는 사도 28,25와 1베드 2,21의 내용이다.

중간의 다른 진술들도 신약성경에서 영감을 받은 것이며, 실상 '성령은 주님'이라는 표현은 2베드 3,17-18에서 착안했다.[13]

성령이 '생명을 주시는 분'이라는 선언은 1코린 15,45, 2코린 3,6, 요한 6,63에 근거한다. 아울러 그분이 '성부에게서 발하신다'는 표현은 요한 15,26을 참조한 것이 분명하다. 성령께도 성부와 성자와 같은 흠숭과 영광을 돌려드려야 함을 선포한 부분은, 계시 내용과 공의회에 앞서 이루어졌던 여러 신학자의 반성에서 영감을 받았다.

콘스탄티노플 공의회의 정식은 신약성경과 명백한 연속선상에 있음에도, 토론의 여지가 전혀 없는 새로운 요소들을 가지고 있다. 이 요소들은 교회 공동체의 종교적 체험과 사유의 결과이며 도달점이다. 다시 말하면 381년 공의회의 선언은 초대교회의 살아 있는 신앙과 연관 지어 살펴보아야 한다는 뜻이다. 초대교회는 전례 거행 안에서, 개인적 반성을 통해, 그리고 개별 신앙인들의 성경에 대한 묵상 안에서 성령의 현존과 활동을 체험한 것이다.

앞으로 살펴볼 사실이 한 가지 있다. 제1차 콘스탄티노플 공의회는 '발출'이라는 범주를 다시 취함으로써 성부–성령의 관계를 명확히 밝힌 반면, 성자–성령의 관계는 분명히 규명하지 않고 다소 간과했다. 그 결과 이 객관적 결함은 후에 다분히 문제의 소지가 되었다. 서방교회에서는 '필리오케'Filioque에 대한 선언과 그 신학으로 이 문제를 극복하고자 했는데, 이것이 동방 그리스도인들과의 논쟁을 불러일으키면서 뒤이은 분열의 동기가 되고 말았다.

또 다른 흥미로운 사실은, 성령의 문제에 대한 신학적 논쟁이 전례적 차원에서 긍정적 결과를 가져온 점이다. 가장 중요한 결과로는 성찬기도*epiklesis*가 점차 계속적으로 비중 있는 위치를 차지하게 된 사실이다. 성찬기도는 그 이전부터 이미 중요했으나 4세기 중반 무렵부터 중요성이 점점 더해졌다. 두 번째 결과는 일련의 전례 축제들 사이에 더욱 중요한 분절과 구별이 생겨난 것이다. 파스카 축제 동안에 이전처럼 그리스도에 의해 실현된 유일한 구원의 신비와 구세주이신 그분의 업적으로 이루어진 인간의 재생을 기념하는 대신, 파스카의 신비를 다양한 관점으로 구분해서 기념하게 되었다(부활, 승천, 성령강림).

6. 삼위일체에 대한 공통 신앙

신학과 교부들의 가르침에 의해 본격적으로 논의되고 연구된 내용을 종합해 보자. 이제 교회의 삼위일체 신앙을 다음과 같이 표현할 수 있겠다. "삼위(성부, 성자, 성령)께서는 본질상 또는 본성상 동등하시고, 그 본질을 소유하시는 방식에 따라 구별되신다. 다시 말해 세 위격께서는 '각자의 소유에 따라' 구분되는 것이 아니라, 공통으로 소유하신 것을 '소유하시는 방식 또는 얻으신 방식'에 따라 구분되신다."[14] 완전한 신성을 소유하신 세 위격의 기원과 상호 관계는 그분들을 구별하는 토대가 된다.

또 이렇게 말할 수도 있다. "완전하고 불변하는 공통된 본질은 합성된 것이 아니고, 각 위격의 완전하고 불변하는 존재에 일치한다. […] 개별성은 무엇보다도 동일한 본질이 객관적으로 각 위격 안에서 드러나는 방식이다."[15] 다른 용어를 빌려 말하자면, 세 위격 각자는 "특성화시키는 그 고유한 특징*idiótes, idíoma*에 의해 정의되는 신적 '본질' 혹은 정체성을 규정짓는 특성이다".[16]

세 위격을 각자의 독자성과 구분에 따라 특징짓기 위해, 교회의 신앙과 신학은 '히포스타시스'*hypostasis*와 '페르소나'*persona*(위격)라는 용어를 다시 사용했다. 위격이라는 용어에 대해 그리스도교 신학자들과 철학자들은 세기를 거치면서 각각 다른 정의들을 제시했다. 여기서 중요하게 기억해 둘 것은, 이 용어가 성부와 성자와 성령이 유일한 신성의 소유자들이면서도 참으로 서로가 서로에게서 구별됨을 가리키기 위해 쓰였다는 점이다. 그분들은 세 위격이지, 세 종류의 가면이 아니다. 그분들은 세 위격이지, 세 분의 하느님이 아니다. 그분들은 유일한 신성의 세 분 소유자시다.

니케아-콘스탄티노플 신경과 동방 그리스도교 교부들의 삼위일체 고찰을 전체적으로 살펴보면서 주목할 사항이 하나 있다. 그것은 신적 생명을 어떤 영원한 유출로, 성부의 인격 안에 그 근원과 목적을 둔 영원한 선물로 생각하려는 시도가 있었다는 것이다.

성부는 이 세 위격을 구분하는 데 기원이 되시고 또한 일치의 불가결한 기초가 되신다.

한편 성자는 최초이자 영원한 결실로서 성부의 지극한 풍요로움으로부터 낳음을 받으시고 성부와 본성상 동등하시며, 그분의 완벽한 반영, 완전한 모상이시다.

성령은 성자를 통해 성부에게서 생명을 선사받으시지만 성자와는 다른 방식으로 받으신다. 곧 성부로부터 발출을 통해 비롯하시며 신성 내부의 역동성이 도달하는 지점이자 신적 생명이 확산되는 출발점이고, 만물이 하느님께로 돌아가고 들어 높여지도록 하신다. 또는 성령이 삼위일체적 생명의 깊은 신비에서 차지한 그 독특한 '지위'에 기인하여 이렇게 말할 수도 있다. 신적 생명이 '자신의 밖으로 뻗어 나가는 것', 하느님 아닌 다른 존재들에게 신적 생명이 선사되는 것은 언제나 성령 안에서 이루어진다고 말이다.

따라서 만물이 보이지 않는 성부께로 귀환하게 되는 것도 성령 안에서 이루어지는 것이니, 처음에 만물은 그분으로 말미암아 생겨난 까닭이다.

동시에 이 신학적 전망은 세 위격에 의해 역사 안에서 이루어진 행위들이 삼위일체의 동일하고 내밀한 생명을 특징짓는 '질서'에 의해 묘사된다는 사실을 강하게 일깨운다. 모든 것은 아버지에 의해, 아들을 통해, 성령 안에서 완성된다. 이러한 신학적 동향은 묘사적 차원에서 볼 때 일반적으로 삼위일체를 동등하면서도 구별되는 세 존재로 그려 내려는 경향을 띤다. 일례로 러시아의 이콘 화가 안드레이 루블료프Andrei Rublëv(1360년경~1430년)의 아름다운 삼위일체 이콘을 들 수 있겠다. 그 이콘에서 아버지와 아들과 성령은 성찬의 식탁에 둘러앉은 세 천사의 모습으로 그려져 있다.

이 심오한 전망(이를 '동방적'이라 하겠다)과 나란히, 교회의 신학적 사유 안에는 그 이상의 해석학적 지평이 존재한다. 이를 일컬어 보통 '라틴적' 또는 '서방적'이라고 하며, 모든 세기의 위대한 신학자들 가운데 한 인물에게서 크게 영향을 받았다고 할 수 있다. 그 인물은 바로 성 아우구스티누스St. Augustinus(354~430년)다.

8. 아우구스티누스의 삼위일체 고찰

『삼위일체론』*De Trinitate*을 통해 이 위대한 히포의 주교는 하느님에 대한 신앙 성찰에 대단히 독창적으로 기여했다. 그는 삼위일체에 대한 사유에서 진정한 분수령을 이루는 저술가다. 아우구스티누스는 여러 해 동안 삼위일체 신비를 성찰했다. 그리고 자신의 신학적 고찰을 개진하기에 앞서 우선 성경과 교회가 공개적으로 고백하는 신앙에서 출발한다. 이에 따라서, 삼위일체 신앙은 이성으로 궁구하고자 하는 노력에 선행한다고 아우구스티누스는 말한다(praecedit fides, sequitur intellectus). 그리고 한 분 하느님, 성부와 성자와 성령의 세 위격으로서 참으로 구별되지만 본질에서 동등하시고 유일하신 하느님을 믿는다고 그는 단언한다. 그런 다음에야 그는 삼위일체의 신비에 이르렀을 때 인간의 생각에 떠오르는 세 가지 중대한 문제를 대면한다.

1) 하느님 안의 유일성과 다수성을 어떤 식으로 병립시킬 것인가? 성부, 성자와 성령의 신성에 대한 주장은 하느님의 유일성 부정을 용인하는 것 아닌가? 그런데 신앙 내용은 성부도 하느님, 성자도 하느님, 성령도 하느님, 그러나 세 분의 하느님이 아니라 유일하신 하느님이라는 것이다. 아우구스티누스는 이 신앙 내용이 계시에서 비롯되었고 '보편 교회의 신앙'fides catholica

에 의해 믿는 이들에게 전해져 왔음을 주지시킨다.

2) 역사 안에서 세 위격의 행위를 따로 분립시킬 수 없다는 주장이 있다. 그렇다면 오직 성자께서 강생하셨고, 오직 성령만 비둘기 형상으로 내려오셨으며, 오직 성부의 목소리만 들려왔다는 것을 앞의 주장과 어떤 방식으로 병립시킬 것인가?

3) 세 번째 문제는 성령의 정체성에 관한 것이다. 성령은 아버지와 아들과 같은 본질이시고 성부나 성자 한편으로부터 '낳음 받으신 분'이 아니며, 그렇다고 그 두 분으로부터 낳음 받으신 것도 아니다. 그러면 성자의 '낳음 받음'generatio과 성령의 '발출' 사이에는 어떤 차이가 존재하는가?

이 문제들에 직면한 아우구스티누스는 동방의 신학적 전통에 따라 성부의 신적 위격을 그 출발점으로 삼은 것이 아니라, (이것이 그의 첫 번째 참신함인데) 그 자체로 고찰되는 신적 본성, 곧 "단순하고 나누임 없는 절대 존재"[17]로 이해한 하느님에서부터 출발했다. 아우구스티누스는 지적한다. 교회의 신앙에 따르면, 삼위일체를 말하는 이는 곧 유일하신 하느님을 말하는 것이며 하느님을 말함은 곧 삼위일체를 말하는 것이다. 나아가 하느님에 대해 말할 수 있는 모든 것은 각 신적 위격에도 적용할 수 있으니, 이 세 위격은 신적 본성을 전적으로 소유하고 있기 때문이다. 이런 의미에서 그는 이렇게 쓴다. "신성에 있어서 성부가 성자보다 더 위대하시지 않으며, 성부와 성자 두 분 역시 성령보다 더 위대하신 것은 아니다. 그리고 세 위격 각자도 삼위일체 자체보다 작은 것이 아니다."[18] 여기서부터 아우구스티누스는 다음과 같은 결론이 도출된다는 사실에 주목한다. 세 위격을 마치 나누인 개체처럼 생각하기란 불가능하다는 사실이다. 오히려 "신적 위격은 각자가 다른 위격들에 혹은 같은 신적 본성에 일치한다".[19] 그리고 세 위격은 각각 다른 위격들 '안에' 있다. 아우구스티누스는 계속해서 강조한다. 신적 본성은 유일하기 때문에, 신적 위격 각자가 창조되지 않고 무한하며 전능하다(신적 생명을 소유했으므로) 하더라도 아버지와 아들과 성령을 세 분의 창조되지 않은 존재, 세 분의 무한자, 세 분의 전능자로 생각할 필요는 없다. 오히려 오직 한 분의 창조되지 않은 존재, 한 분의 무한자요 전능자가 계실 뿐이다. 따라서 세 위격의 자유로운 행위나 세 위격이 역사 안에서 피조물을 위해 성취하는 행위에 대해 성찰할 때는, 언제나 신적 본성의 유일성에서부터 숙고해 나가야 한다. 그렇게 이 세 위격의 행위는 유일한 원리에서 비롯되거나 혹은 세 위격이 동시에 작용한 결과로서 고려되는 것이다.

그러나 세 위격에 의해 전개된 구원사를 생각해 본다면, 바로 앞에서 강조한 내용은 문제의 소지를 안고 있다. 앞에서 우리가 삼위일체 신앙이 촉발시킨 두 번째 문제라고 본 그 문제가 등장하는 것이다. 세 위격의 일체성, 곧 분립할 수 없는 세 위격의 행위를, 어떻게 해야 홀로 성자께서 강생하셨고 홀로 성부께서 당신의 목소리를 들려주셨으며 홀로 성령만이 요르단 강에서 예수에게 내려오셨다는 신약성경의 진술과 병립시킬 수 있는가? 이를 이해하려면 두 사실을 제시해야 한다. 우선, 성자 홀로 강생하셨다 하더라도 성부와 성령 역시 이 사건에 공동으로 협력하셨으며 항상 말씀과의 일치 속에 계셨다는 사실이다. 그러므로 다음 사실도 염두에 두어야 한다. 역사 안에서 이루어진 세 위격의 행위들을 묘사하면서 세 위격 중 한 위격이나 또 다른 위격에 이런저런 행위들을 자연스럽게 적용하는 것은, 각 위격이 신성 안에서 차지하고 있는 위치와 하느님의 내밀한 생명 안에서 지니는 독자성을 많든 적든 탁월한 방식으로 반영하기 때문이다.[20]

아우구스티누스는 성부와 성자와 성령 사이의 구분이 실제적이고 참되며 양태론자들의 주장처럼 결코 외양만이 아니라는 사실을 간과하지 않았음이 명백하다. 이 구별을 설명하면서 아우구스티누스는 매우 독창적인 또 하나의 신학적 제안을 내놓는다. 그는 다시 신앙 내용을 출발점으로 삼는다. 신앙의 가르침에 따르면, 하느님 안의 구별은 '상호 관계'와 관련된 그 무엇으로 인해 가능하다는 것이다. 세 위격에 해당하는 이름들(아버지, 아들, 성령)이 직접적으로 관계와 대응을 가리키고 있는 것은 우연이 아니다. 이 세 위격의 '상호 관계'는 (이것이 그의 독창적 제안인데) 우유적이거나 잠정적이거나 일시적인 차원으로 이해되어서는 안 되고, 오히려 실제적 또는 자립적 차원으로 보아야 한다. "성부와 성자와 성령은, 각자 한 분이 다른 두 분과 관계를 맺고 있다는 의미에서 '관계'들이시다."[21] 그러므로 이렇게 말할 수 있겠다. 세 위격의 구별에 대해 생각하는 이는 '낳음', '낳음 받음', '발출'의 영원한 역동성뿐 아니라, 세 분의 상호 관계에 대해 생각해야 한다. 곧 아버지를 말할 때는 직접 아들을 낳으신 분을 생각하게 된다. 이 아들에 대해 말할 때는 곧장 그분을 낳으신 아버지를 떠올린다. 끝으로 성령을 이야기할 때는 필연적으로 그분의 기원이며 그분이 비롯하는 그 어떤 분을 언급하게 된다.

성령에 관한 한 아우구스티누스는 그분을 성부와 성자로부터 구별하는 요소를 입증하고자 노력했다. 성령이 다른 두 위격에 대해 '독자성'을 지니게 되는 요소들을 발견해 내는 것이 관건이었다. 그는 이렇게 추론해 나간다. 하느님의 어떤 완전한 성질들은 세 위격에 공통적이다. 이것은 신적 세 위격을 대립시키지도 구분하지도 않는다(예컨대 선하심, 거룩함, 전능함). 이러한 속성들은 세 위격이 전부 소유하고 있는 본질적 고유성을 구성한다. 반면, 성부는 오직 성자의 아버지시고, 성자는 오직 성부의 아들이며, 한편 성령은 이 두 분의 영이다. 여기서 아우구스티누스는 성령에 대한 마지막 진술의 기초를 신약성경에서 가져온다. 신약성경에서는 성령이 아버지의 영이며(마태 10,20; 로마 8,11) 또한 아들의 영이기도 하다(갈라 4,6; 로마 8,9). 그러므로 성령은 "비록 그분들로부터 구별되어 남아 있지만 아버지와 아들에게 공통적이며, 그 두 분의 공통된 거룩함, 두 분의 사랑이다".[22] 아우구스티누스는 『삼위일체론』에서 이렇게 말한다. "그러므로 성령은 성부와 성자에게 공통된 그 무엇이다. … 영원한 같은 본질의 공유다. […] 그 결과, 위격들이 세 분 이상일 수는 없다. (그 세 분은) 자신으로부터 비롯한 이를 사랑하시는 한 분, 자신이 그로부터 비롯된 분을 사랑하시는 한 분, 그리고 사랑 자체이신 분이다."[23]

파라클리토 성령은 성부와 성자의 영 또는 두 분의 사랑인 한(아우구스티누스는 단언한다), 성부와 성자로부터 발출하신다(영원한 기원을 가진다). 그러나 '근본원리상으로는'principaliter 아버지로부터 발출하시니, 그 이유는 "성자에게 이러한 특권을 주신 것은 언제나 성부이시기 때문이다".[24] 그럼에도 성령에게 두 기원이 있다고 주장해서는 안 된다. 오히려 성부와 성자는 성령의 '유일한' 근원이시다.

아우구스티누스가 삼위일체에 대한 고찰에 기여한 또 다른 독창적 요소가 있다. 인간 정신의 구조를 통하여 세 위격의 신비로운 생명을 더 잘 알아들을 수 있는 길을 착안한 것이다. 인간은 하느님의 모상에 따라 지어졌으므로, 영적 존재이신 하느님의 생명이 보다 분명한 어떤 흔적을 인간 안에 남겼으리라고 생각하는 것은 당연하다. 하느님 세 위격의 놀라운 신비를 환기시키는, 진정으로 구분되면서도 한편으로는 같은 몇몇 양상이 인간에게서 발견되기도 한다. 그러나 주의할 점은, 아우구스티누스가 하느님과 인간 사이에 존재하는 차이를 언제나 의식하고 있었다는 것이다. 따라서 그는 모든 삼위일체에 대한 표상이 필연적으로 내포한 한계를 강조하는 데 변함없이 주의를 기울이는 한편 그 표상들을 사용하는 데 매우 신중한 모습을 보인다.

이미 말한 대로 아우구스티누스의 삼위일체적 전망은 서방 신학에 대단히 강력한 영향을 끼쳤다. 이 서방 신학의 위대한 대표 주자 가운데 한 사람이 토마스 아퀴나스다. 그는 하느님의 신비에 대한 자신의 해석 작업을, 아우구스티누스를 근본적으로 통찰하는 데서 출발한다.

소위 이러한 '서방 신학적 경향'에 관련하여 항상 기억할 것이 있다. 이 조류는 하느님의 세 위격이 서로 구별되면서도 유일한 신적 본성을 소유하고 계시다는 것을 표현하기 위해 때때로 삼각형의 형상을 빌려 온다. 다른 한편으로 성화에서 보면, 서방에서는 십자가 사건과 연결시켜 삼위일체를 묘사하는 경우가 잦다. 그런 성화에서, 사람이 되신 성자는 십자가 위에서 자신을

봉헌하는 가운데 성부에 의해 지탱되고 있으며, 성령은 (비둘기 형상으로) 두 분 사이에 자리한다.[25]

삼위일체에 대한 신학적 논의의 각기 다른 정립은 하느님 신비의 부요함과 심원함의 극명한 표지로 이해되어야 한다. 어떤 해석으로도 하느님의 신비를 완전히 규명하는 것은 결코 성공하지 못할 것이다. 언제나 하느님 생명의 심오함은 그것을 이해하려는 우리의 온갖 시도를 '뛰어넘어' 계시다. 이 때문에 다양한 신학적 해석이 존재하는 것은 긍정적이다. 성령의 영원한 기원에 관한 문제에서와 같은 몰이해가 가끔 생겨날 수 있다는 것은 감안하더라도 말이다.

이러한 해석의 다원화는 이론적 정당화를 넘어 역사적으로도 정당하다. 수세기에 걸쳐 동방과 서방의 그리스도인들은 비록 하느님 신비에 대한 어떤 내용들에서는 서로 다른 의견을 개진했을지언정 신학적으로 상호 조화를 이루며 살아왔다. 이에 관한 한, 아우구스티누스가 대표적이다. 그가 주장한 '필리오케' Filioque, 또는 성령이 성자와 성부로부터 비롯한다는 이론은 동방교회나 동방 신학자들이 그에게 맞서 비난을 가한 원인이 결코 아니었다. 오히려 553년 제2차 콘스탄티노플 공의회(다섯 번째 보편 공의회)에서는, 이 위대한 히포의 주교가 여타 교부들과 나란히 교회 박사로 존경받아야 한다고 단언했다.

앞에서 우리는 하느님에 대한 그리스도인 신앙의 근본 요소들을 숙고해 보았다. 여러 번 설명했듯이 이 요소들은 예수의 설교와 행적과 인격에 그 뿌리를 두고 있다. 나자렛 예수의 신비 없이는 삼위일체이신 하느님의 빛이 인간의 역사와 이성과 마음을 비추기란 불가능했을 것이다. 신약성경은 마치 배아胚芽와 같다. 거기에 수고와 노력이 더해진 결과 마침내 교회 공동체의 신앙고백으로 완성된 결실을 맺을 수 있게 된 것이다.

교회의 삼위일체 신앙은 니케아-콘스탄티노플 신경(381년)뿐 아니라, 역사의 여러 시기에 만들어진 기타 다른 신앙고백에서도 입증된다. 이를테면 382년 로마 공의회의 신앙고백,[26] 제4차 라테라노 공의회의 신앙고백(1215년),[27] 제2차 리옹 공의회의 신앙고백(1274년),[28] 피렌체 공의회의 신앙고백(1438~1445년)[29] 등이 있다. 1968년 교황 바오로 6세는 '장엄 신앙고백'을 제안했다. 여기서는 교회가 믿어 온 근본진리들, 무엇보다도 우리가 성부와 성자와 성령이심을 믿는 하느님에 대한 진리들을 언급하고 있다.

교회의 삼위일체 신앙의 근본적 관점을 종합한 매우 호소력 있는 신경(「위아타나시우스 신경」이라 불린다)을 하나 소개하고자 한다.

그 전에 우리가 앞서 누차 지적한 논제로 잠시 돌아가 보도록 하자. 이른바 '필리오케' 논쟁 혹은 '성령의 영원한 기원'에 대한 논쟁이 그것이다.

신앙의 이 같은 측면에 대해서는 그 신비를 표현하기 위한 두 가지 다른 방식이 존재한다. 동방교회 그리스도인에 의하면 성령은 (381년 콘스탄티노플 공의회 선언대로) '성부로부터 발출'(또는 영원한 기원이 성부에게 있음)하신다. 반면 서방교회에 의하면, 성령은 '성부와 또한 성자로부터Filioque 발하신다'고 할 수 있다.

이 차이는 결코 사소한 것이 아니다. 실상 파라클리토 성령의 신비를 표현하는 이 서로 다른 방식은 신학적이면서 역사적인 일련의 문제(그리스도인들의 일치 문제에 매우 중요한)와 연관되어 있다. 또한 믿는 이들의 삶에서도 매우 중대한 많은 결과를 포함하고 있다.

이 주제를 고찰하면서 우선 한 가지 확인해 둘 것은, 신약성경에서는 이 주제에 대한 토론을 결정적으로 종식시킬 그 어떤 정확한 언급도 찾아볼 수 없다는 점이다. 그렇지 않았다면 '필리오케'에 대한 문제가 아예 생겨나지 않았을 것이다. 신약성경의 여러 저술 가운데서 우리는 고려해야 할 필요가 있는 몇몇 중요한 지시만을 발견할 뿐이다. 예컨대 성령께서는 아버지로부터 '발출'하신다고 말한다(요한 15,26). 그러나 이 말이 영원한 기원에 대한 언급인지, 성령을 세상에 파견하는 것에 대한 내용인지는 분명하지 않다. 또 성령은 성자에 의해 '보내지고, 파견된다'고 말하며, 성령을 '성자의 영'이라고도 한다(2테살 2,8; 2코린 3,17b; 갈라 4,6; 로마 8,9; 필리 1,19). 그러나 파라클리토 성령의 '영원한 기원'에서 '선재하는' 말씀의 역할을 명시적으로 언급한 곳은 없다.

두 번째로 염두에 둘 점은 381년 선포된 니케아–콘스탄티노플 신앙고백이다. 여기서는 성령이 '성부로부터' 발출한다고 선언했다.

초기의 신학자들 가운데는 '필리오케'를 옹호하는 유력한 인물들이 적지 않았다. 일례로 성령은 아버지와 아들의 사랑 자체이기 때문에, 성령이 '또한' 성자로부터도 기원한다고 아우구스티누스가 진술하기도 했다. 그렇지만 성자와 성령의 신성을 부정하는 자들을 거슬러 서방의 몇몇 지역 공의회가 선포한 신앙정식을 제외하고, 정작 로마교회는 '필리오케'를 정당화하는 교의를 승인하면서도 수세기에 걸쳐 신경에 이를 첨가하지 않은 채 신앙을 고백했다.

'필리오케'를 신경에 포함시킨 것은 1014년 교황 베네딕도 8세였다. 그는 하인리히 2세 황제의 대관식 때 신경을 노래하면서 '필리오케'를 삽입했다. 이렇게 '필리오케'를 첨가하는 행위가 동방 그리스도인들에게는 381년 신앙고백에서의 이탈로 여겨졌고 아울러 431년 에페소 공의회의 결정에도 불복하는 것으로 간주되었다. 에페소 공의회에서는 니케아-콘스탄티노플 신경과 '다른' 신앙을 고백하는 것을 금지시켰던 것이다.

성령에 대한 이 같은 논쟁은 불목과 몰이해의 여러 다른 요소와 얽혀 1054년 동방과 서방교회의 분리를 초래했다.

두 교회가 서로 자신의 입장을 견지하기 위해 채택한 신학적 근본 동기 중에서 다음과 같은 요소들을 주목할 수 있다.

• 동방 신학의 입장에 따르면, 성부께서는 모든 실재와 행위의 '원인'causa이시다. 신적 생명 안에서 그분은 성자와 성령, 곧 자신 안에 있는 구별의 원리와 일치의 보증이 되신다. 성자와 성령에게 주시는 신성의 영원한 선물이든지, 유한한 피조물들을 당신 자유로써 존재하도록 만드시든지 성부께서는 이 두 행위의 원천이요 목표점이다.

• 한편 서방 신학에 의하면, 성령이 '또한 성자로부터' 발출하심을 말하는 것은 타당하다. 성자께서 성령을 세상에 파견하신다는(복음이 증언하는 바와 같이) 사실에서 출발하든지, 성자께서 성부로부터 모든 것을 받으셨으므로 성자 역시 성령을 발할 수 있는 능력을 소유하신다는 것을 함께 고려하든지 위의 진술은 합당하다. 그러나 아우구스티누스가 가르치는 대로, 아버지와 아들은 파라클리토 성령의 두 근원이 아니라 영원한 기원의 '유일

한' 원천이라는 것을 여기에 즉각 덧붙여야 한다. 뿐만 아니라 성자는 성령을 발할 수 있는 능력을 아버지로부터 받았기 때문에, 성령이 '근본원리상으로'principaliter 성부에게서 발출했다는 사실을 첨부하는 것이 옳다. 서방 신학에 따르면 성령이 성부와 성자께로부터 기원을 가진다는 사실은 더욱 명확하게 '낳음'(혹은 성부로부터 비롯된 말씀의 기원)과 '발출'(혹은 성부와 성자로부터 비롯된 성령의 기원)을 구분하도록 허용한다.

'필리오케'의 복잡한 문제에 대한 이야기를 마무리 짓기 위해, 탁월한 도미니코회 신학자 이브 콩가르Yves Congar가 시의적절한 고찰을 소개한다. 콩가르는 이 주제에 대한 뛰어난 전문가이며, 갈라진 그리스도인들 간의 대화와 만남을 위해 항상 노력했다. 그는 '유일한 신비의 한없는 풍요로움'을 나타내고자 "유일한 생명의 강이 동방과 서방에 흐르고 있다"[30]고 말했다. 그리스도인들이 사랑하고 흠숭하는 이 신비는 상이한 신학적 전통에서 비롯한 서로 다른 방식으로 표현된다. 이러한 전망에서 볼 때 신학적 상이성은 분열과 대립의 동기가 되어서는 안 되며, 오히려 '필리오케' 문제가 수세기에 걸쳐 야기한 몰이해의 장벽을 넘어 서로를 풍요롭게 하는 동기가 되어야 하겠다.

성령은 신적 생명 안에서 서로를 묶는 유대이며 포옹이고, 그분 덕택에 무한하신 분과 유한한 존재가 만나게 되는 신적 위격이며, 따라서 그리스도인의 일치를 향한 발걸음에 더 이상 '걸려 넘어지게 하는 장애물'로 생각될 수 없다. 오히려 상이함을 존중하는 가운데 친교를 향해 나아가는 중요한 길이 되어야 한다.

10. 세 위격의 친교

이제 삼위일체이신 하느님의 존재를 특징짓는 그 이면의 관점을 소개하고자 한다. 그것은 아버지와 아들과 성령의 관계 혹은 상호 연관성이다. 세 분은 완전하고 불가분한 친교 속에 계시며 '한 분이 다른 한 분 안에 계시고, 한 분이 다른 한 분을 향해 계시다'. 이것이 세 위격의 '상호 침투' 혹은 '상호 내재성'circuminsessio(그리스어로는 *perichóresis*)의 신비다.

그리스도교 하느님의 이러한 특징을 형성하는 기초는, 세 위격이 동등하게 소유한 신적 본성의 일치에 있든지 혹은 (신학적 전통이 가르치는 대로) 하느님 안에 구별되는 세 위격(신적 위격)이 저마다 (심원한 의미에서) '상호 관계'를 맺고 있다는 사실에 있음을 인정해야 한다. 그런 이유로, 아버지를 말하는 이는 즉시 한 아들을 떠올리게 되고, 아들을 생각하는 이는 필수적으로 한 아버지에게 주의를 돌리게 되며, 영을 말할 때는 반드시 그분이 비롯된 기원도 함께 생각하게 된다.

삼위일체의 이처럼 중요한 국면은 인간 삶에 매우 풍부한 영향과 호소력을 지닌다. 피렌체 공의회는 1442년에 반포된 「야고보파에 대한 훈령」*Decretum pro Iacobitis*에서 삼위일체의 이러한 측면을 명백히 표현했다. 이 훈령은 루스페의 풀겐티우스*Fulgentius Ruspensis*(467~533년)의 몇몇 진술을 다시 취하면서 이렇게 선언한다.

> 이 일치로 말미암아 아버지께서는 온전히 아들 안에 또한 온전히 성령 안에 계시다. 또 아들은 온전히 아버지 안에, 온전히 성령 안에 계시다. 그리고 성령은 온전히 아버지 안에, 온전히 아들 안에 계시다. 영원성에서 어떤 분이 다른 분보다 선행하지 않고, 위대함에서 어떤 분도 다른 이를 초월하거나 혹은 능력에서 다른 분을 능가하지 않는다. 실상 아들이 아버지로부터 비롯하여 존재하게 된 것은 영원하고 시작이 없으며, 성령이 아버지와 아들로부터 발출된 것도 영원하고 시작이 없기 때문이다. 아버지께서는 당신의 정체 또는 당신이 소유한 것을 다른 누구로부터가 아니라 당신 자신에게서 비롯하여 지니고 계시며, 다른 근원을 가지지 않는 근원

이시다. 아들의 정체 또는 아들이 지닌 것은 아버지로
부터 받은 것이며, 그분은 근원에서 비롯된 근원이시
다. 성령의 정체 또는 성령이 소유한 것은 아버지와 아
들로부터 받은 것이다. 그러나 아버지와 아들은 성령의
두 근원이 아니라 오직 한 근원이시다. 그리하여 성부,
성자와 성령은 창조의 세 근원이 아니라 오직 한 근원
이시다.[31]

세 위격의 이 같은 고유한 관계에서 즉시 도출되는 결과는 곧 세
위격의 자유로운 행위는 언제나 '불가분성'과 어떤 '질서'로 특징
지어진다는 사실이다. 이 불가분성은 신적 위격이 온갖 생명의
풍요를 공동으로 지니고 있다는 데서 기인하며, 그 때문에 신적
속성 중 어떤 것을 행사하든지 불가결하게 세 위격 모두가 거기
에 포함된다고 여겨진다. 반면 행위의 '질서'는 세 위격 각자가
독자적(고유한, 구별되는) 방식으로 신성을 소유하고 있다는 사실에
서 필연적으로 유래한다. 아버지는 신성을 아무에게서도 받지
않으신다. 아들은 신성을 아버지로부터 받으신다. 성령은 신성
을 아버지와 아들로부터 기원하는 선물로서 소유하신다.
  이 두 관점(불가분성과 질서)을 동시에 주장하기 위해서 신학은
이런 표현을 사용한다. 신적인 모든 자유로운 행위는 '아버지에

의해, 아들을 통해, 성령 안에서' 이루어진다고 묘사할 수 있다.

하느님에 대한 그리스도교 신앙의 필수 요소들을 규명하는 것을 마무리하면서, 믿는 이들의 노고로 만들어진 여러 훌륭한 삼위일체 신앙고백 가운데 하나를 소개하고자 한다. 「위아타나시우스 신경」이라고 불리는 이것은, 그 성립 연대가 5세기 말엽이나 6세기 초까지 거슬러 올라가는 아주 오랜 것이다. 이 신경은 아우구스티누스의 삼위일체에 대한 반성에서 분명히 영향을 받았다. 그러므로 앞에서 라틴 신학 혹은 서방 신학의 해석 지평으로 정의했던 관점에 더 가깝다. 신경은 이렇게 선언한다.

> 누구든지 구원받고자 한다면, 모든 것에 앞서 가톨릭 신앙을 확고히 준수해야 한다. [⋯] 다음의 것이 가톨릭 신앙이다. 우리는 한 분이신 하느님을 삼위일체 안에서 공경하며, 위격들을 혼합하지 않고 또한 본질을 분리하지 않으면서 유일성 안에서 삼위일체를 공경한다. 실상 아버지의 위격이 다르고 아들의 위격이 다르며 성령의 위격이 다르다. 그러나 아버지와 아들, 성령의 신성은 오직 하나이며, 영광에서 동일하시고 존엄성에서 함께 영원하시다.

아버지께서 그러하듯이 아들이 그러하고 성령 또한 그러하다. 아버지는 창조되지 않았고 아들도 창조되지 않았으며 성령도 창조되지 않았다. 아버지는 무한하고 아들도 무한하며 성령도 무한하다. 아버지는 영원하고 아들도 영원하며 성령도 영원하다. 그러나 영원한 분은 셋이 아니라 한 분이시다. 그렇듯이 또한 창조되지 않은 분이 셋이 아니고 무한한 분도 셋이 아니며, 한 분의 창조되지 않은 분, 한 분의 무한한 분이시다. 마찬가지로 아버지는 전능하고 아들도 전능하며 성령도 전능하다. 그러나 전능한 분이 셋이 아니라 한 분의 전능한 분이 계시다. 이렇게 하느님이신 아버지, 하느님이신 아들, 하느님이신 성령이 계시다. 그렇지만 세 분의 하느님이 아니라 오직 한 분의 주님이시다. 따라서 아버지께서 주님이시고 아들이 주님이시며 성령이 주님이시다. 그러나 세 분의 주님이 아니라 오직 한 분의 주님이시다.

왜냐하면 그리스도교의 진리에 고무되어 고백하는바, 어떤 위격이든지 각각 하느님과 주님이시지만, 보편 신앙은 세 분의 하느님이나 세 분의 주님이라고 말하는 것을 금하기 때문이다.

아버지는 누구로부터 기원하지도 창조되지도 낳음을 받지도 않으셨다. 아들은 오직 아버지로부터 기원하신다. 그러나 지음 받지 않으셨고 피조물도 아니며, 다만 오직 (아버지로부터) 낳음을 받으셨다. 성령은 아버지와 아들로부터 기원하신다. 지음 받거나 창조되거나 낳음 받지 않으셨고, 발출하신 분이다.

그러므로 아버지는 한 분이며 세 분이 아니다. 아들은 한 분이며 세 분이 아니다. 성령은 한 분이며 세 분이 아니다.

그리고 이 삼위일체 안에서 앞서거나 뒤진 것은 아무것도 없으며, 그 무엇도 더 크거나 작은 것은 없다. 오히려 세 위격 모두 동일하게 영원하시고 서로 동등하시다. 그러므로 이미 앞서 말한 대로, 삼위이신 하느님의 유일성과 유일성 안의 삼위일체를 전부 흠숭해야 한다.

그러므로 구원받기를 원하는 이는 거룩한 삼위일체에 대하여 위와 같이 믿어야 한다.[32]

7장 삼위일체와 역사

들어가며

지금까지 교회가 믿는 바에 따라서 하느님의 정체성을 규정짓는 핵심 요소들을 소개했다. 이제부터는 삼위일체와 세상 사이에, 그리고 하느님의 실재와 우리 역사 사이에 존재하는 몇몇 연관성에 집중해 보자. 하느님이 아버지와 아들과 성령이라는 사실은 '우리'에게 중요하고, '우리'와 관계 있으며, '우리를 위한' 어떤 결과와 의의를 지니고 있음이 분명하다. 창조 행위와 그 행위의 결과인 피조물에 대해 숙고해 보더라도 이 같은 모든 사실을 이해할 수 있다.

신앙고백에서 우리는 다음과 같이 고백한다.

- "나는 한 분이신 하느님을 믿나이다. 전능하신 아버지이시며, 하늘과 땅과 보이는 것과 보이지 않는 만물의 '창조자'이신 분 …."

- "나는 한 분 주님이신 예수 그리스도를 믿나이다. … '그분을 통하여 만물이 창조되었고' …."

- "나는 성령을 믿나이다. '생명을 주시는' 주님이신 분 …."

이것은 창조의 진리는 하느님의 삼위일체적 실재와 강력히 연결되어 있음을 직접적으로 보여 주고 있다. 만물에게 존재를 선사한 유일하신 하느님은 성부, 성자와 성령이시다. 피조물들은 이 삼위일체 하느님으로부터 비롯되었다. 이 사실은 우리를 위해서도 의미가 있다. 이것을 이해하기 위해 창조의 기원이자 원형이며 목적이신 삼위의 하느님을 고찰해 보자.[1]

1. 모든 실재의 기원이신 삼위 하느님

"누가 창조의 주역인가?"라고 묻는다면, 아버지, 아들, 성령께서 존재하는 모든 것의 유일한 근원이 되신다고 대답해야 한다. 이 진술은 세 위격이 전적으로 유일한 신적 생명의 대양大洋이며 세 분이 서로 불가분의 친교를 이루고 계시다는 사실에 기초한다.

그럼에도 이런 의문이 들 수 있다. 창조 행위와 그 행위의 효과로 산출된 피조물들에게, 하느님이 위격적 삼위일체라는 것이 어떤 중요성을 지니는가?

이 질문에 올바로 대답하려면 우선 다음과 같은 사실을 기억해야 한다. 세 위격이 어떤 질서에 따라서 유일한 본성을 소유하고 있듯이, 창조의 능력virtus creandi에서도 마찬가지라는 것이다. 신적 위격들은 이 창조의 능력이 공통적이지만 이를 '질서에 따라' 소유한다. 이러한 이유로 세 위격에 의해서 이 능력이 행사될 때, 이미 성부와 성자와 성령이 이 능력을 소유하고 있는 바로 그 질서가 어떤 식으로든 재현된다. 이렇게 해서 창조 행위는 실제로 "삼위일체께서 이루시는 행위의 연장延長"[2]으로 우리 앞에 나타난다. 이것은 영원 안에서 일어난 일을 공간과 시간 안에서 재현한 것이라고 할 수 있다.

이에 관해서 토마스 아퀴나스가 우리를 일깨운다.

> 창조한다는 것은 하느님의 어떤 위격에 고유한 것이 아니고 전 삼위일체에 공통적인 것이다. 그러나 하느님의 위격들은 그 발출의 관점에서 볼 때 사물들의 창조에 대한 원인성을 가진다. […] 하느님은 그 지성과 의지로 말미암아 사물들의 원인이다. 이것은 마치 공작인이 공

작물들에 대한 것과 같다. 그런데 공작인은 지성에 회임된 말verbum과, 어떤 것과 관계된 그 의지의 사랑으로 말미암아 작업한다. 이와 같이 아버지 하느님도 아들인 말씀을 통해 또 성령인 그 사랑을 통해 피조물을 만들었다. 이런 의미로 하느님의 위격들의 발출이 지식과 의지라는 본질적 속성을 내포하는 한, 피조물의 산출 이유인 것이다.[3]

또 다른 질문이 제기된다. 왜 삼위이신 하느님 이외에 우연한 실재가 존재하는가? 삼위일체 하느님이 이미 '스스로 자족하신다'면, 우연적 세계란 무슨 의미가 있을까? 하느님이 무한하고 영원하시다면, 그분이 당신 아닌 어떤 것을 위해 '공간'과 '시간'을 마련하는 것이 어떻게 가능한가?

성경의 가르침에 의하면 창조는 무상의 행위, 필연적이지 않은 행위다. 하느님은 창조하도록 강요받지 않으신다. 다만 당신과 구별되는 존재들, 존재론적으로 고유한 견고함과 상대적 자율성을 지닌 존재들에게 존재를 선사하기 원하신다. 창조의 행위는 하느님 그분을 더 부유하거나 빈곤하게 하지 않으며, 그분 존재의 탁월함을 보태거나 빼지도 않는다. 구약성경은 창조를 하느님과 그분 피조물 간에 이루어지는 대화의 시작으로 본다.

그리고 창조를 언제나 하느님이 인간존재에 대한 호의로 생각해 내시고 무상으로 확고히 실현하시는 사랑의 계획과 연관 짓는다. 하느님의 창조-구원-사랑, 이는 구약성경의 계시에 의해 인간 역사에 암시적으로 드러나는, 서로 연결된 일련의 요소다.

예수께서 역사에 들어오심으로써 인간은 하느님을 체험하게 된다. 그 하느님은 신적 본성을 지닌 아들을 낳으시는 아버지시고, 아버지로부터 신적 생명을 받는 아들이시며, 아버지와 아들의 영이신 주님, 곧 생명을 주시는 분이다. 인간은 하느님이 세 위격의 완전한 일치라는 사실, 곧 사랑하는 이와 사랑받는 이, 그리고 사랑임을(아우구스티누스의 말대로), 또 본성 차원에서 동일하고 위격 차원에서 실제적으로 구별되는 분들임을 발견한다. 그 결과 세상의 존재, 우유적 실재들의 존재, 필연적이 아닌 것들의 존재 이유는 무엇보다도 신성 내적인 생명이라는 숭엄한 실재에 비추어 이해되어야 한다. 그 안에서 아버지는 아들에게 '공간'을 내어 주신다. 그리고 이 두 분은 서로에게만 몰입하는 배타성으로 폐쇄되지 않고 오히려 (그 풍요로움과 사랑의 상호 교류 안에서) 자신들과 구별되는 또 다른 존재, 본성에서 동등하신 성령에게 '자리'를 내어 주신다.

이렇게 말할 수도 있다. 사랑이신 하느님 안에는, 그분이 다른 존재에게 '영원히 공간을 내어 주시는 행위', 곧 '낳음'과 '발출'로 설명되는 '무한한 증여'가 있다. 그분 안에는 영원하고 내밀한 풍요가 있다. 그 풍요로움은 아들이 영원으로부터 하느님 안에서 탄생하도록 하며(니케아-콘스탄티노플 신경의 "모든 세기에 앞서 성부에게서 나셨으며"를 기억하자) 또 성령이 영원으로부터 발출하도록 한다. 이러한 역동성은 '본성적 필연성'의 차원이다. 하느님은 원래 그런 분인 것이다! 나아가 이 역동성은 '생명의 선사'에 관한 온갖 다른 형태나 방식, 그러니까 창조의 가능 조건 또는 전제를 구성한다. 창조는 '세상 빛을 보게 됨', 곧 스스로는 필연적이지 않고 오로지 우연적인 것들의 '탄생'으로 이해된다.

다시 말해 신적 생명의 증여, 사랑의 발산은 하느님과 동등한 타자(성자와 성령)의 존재만 가능케 한 것이 아니라 그분과 동일 본성도 동일 본질도 아닌 타자(피조물)의 존립도 가능케 한다.[4] 이로써 창조는 무한한 사랑의 열매로 드러난다. '유한'을 위해 자기 안에 자리를 내주는 '무한한' 사랑, '시간'을 위해 자리를 내주는 '영원한' 사랑, '한계를 지닌 자유'를 위해 자리를 내주는 '절대 자유의' 사랑이다. 이런 의미에서 창조는 '신적 자기 비하'의 일종이 되며, 이는 '자기 비움'*kenosis*의 최초 형태로, 강생, 곧 십자가 죽음에서 절정에 이르는 '자기 비움'(필리 2,6-11)에 앞서 이루어진다.

삼위일체 계시의 빛 안에서 우리는 이렇게 말할 수 있다. 하느님은 당신 자체로 풍요로우시고 구별되는 세 분의 대화이며 친

교이시다. 그 하느님은 창조를 행하시면서 피조물들에게 '공간'
을 내어 주셨고 '시간'을 마련해 주셨다. 이것들은 그분 풍요로
움의 자유로운 결실이며, 이로써 그분은 당신 자유로써 스스로
대화와 친교의 관계 안에 들어가길 원하신다. 어떤 의미에서 세
위격은 창조를 통해 당신 자신들의 대화와 친교를 확장하시니,
마침내는 결코 필연적이지 않은 존재들이 당신들의 무한하고 복
된 생명에 참여하도록 허락하신다.

2. 창조의 원형이신 삼위일체

이제부터는 각 신적 위격과 창조가 맺고 있는 관계, 아울러 창조
를 성부와 성자와 성령이 이룩한 사랑의 업적으로 돌릴 때 알 수
있는 피조물의 몇몇 측면에 대해 숙고해 보자.

보이지 않는 아버지께서는 창조의 기원이시다. 실상 그분으
로부터 '하늘과 땅의 온갖 부성'(에페 3,15)이 비롯된다. 신약성경
은 하느님 성부께서 만물을 지으신 분이라는 진리를 거듭 확인
한다.[5] 초대교회는 창조주이신 성부에 관련한 조항을 신앙고백
처음에 둔다. "우리는 한 분이신 하느님을 믿는다. 그분은 전능
하신 아버지, 보이는 것과 보이지 않는 만물의 창조주이시며

…."[6] 이 내용은 무엇을 말하고 있는가?

이는 보이지 않는 성부의 존재와 사랑의 충만함, 풍요와 숭고함이 단지 성자와 성령에게 통교하시는 영원하고 무한하며 완전한 신적 생명의 원천만이 아님을 보여 준다. 성부의 이런 면모는 우연적 피조물에게 당신 자유로써 행하시는 존재 부여의 시초가 되기도 한다. 오로지 아버지의 절대적 권능, 무한한 지혜와 넘치는 사랑만이 유한한 피조물의 존립 동기가 된다. 오직 아버지만이, 무한한 빛의 원천이신 그분만이 절대적 사랑으로써 '없음'의 짙은 어둠을 뛰어넘어 온갖 피조물이 '빛을 보게' 하실 수 있다.[7]

이 모두가 피조물에게 지니는 의미를 살펴볼 때 무엇보다 중요한 사실은, 아버지의 사랑과 전능의 표현으로 여겨지는 그 어떤 창조된 실재든 간에 그것이 아버지께서 원하시는 대상이고 또 그분의 사랑을 받기 때문에 존재한다는 것이다. 또 이런 사실도 알 수 있다. 온갖 유한한 존재의 우연성과 불안정성은 한편으로는 생명의 근원이신 성부의 자애로움으로 우리 눈을 돌리게 하고, 다른 한편으로는 하느님과 피조물 사이에 존재하는 항구하고 근본적인 차이를 일깨우는 표지가 된다. 이 타자성은 창조주 하느님이 피조물에게 존재를 부여하시면서도 그로 인해 결코 소모되지 않으신다는 것, 오히려 모든 존재의 존엄과 상대적 자율성의 보증이 되심을 입증한다.

모든 피조물이 성부의 지극한 사랑의 결과인 한, 그들은 자신 안에 사랑의 차원을 지니고 있으며, 이는 구조적으로 마치 아버지의 사랑처럼 드러난다. 그 사랑은 다른 존재에게 선사함, 내맡김, 자신의 생명을 기쁘게 통교하는 것이며, 다른 불길들을 점화시키는 불꽃이 된다. 스스로를 폐쇄하지 않을 때, 스스로 고립되지 않고 오히려 신뢰하고 내맡기며 자신을 선물로 내어 줄 때, 그리고 자신과 구별되는 다른 존재들과 관계를 맺을 때, 모든 존재는 아버지를 닮은 '주도적 창조성'을 지니고 나타난다.

세상은 아들을 통하여 창조되었다(1코린 8,6; 콜로 1,16; 히브 1,2; 요한 1,3.10). 이 창조의 중재는 아리우스가 주장하는 것과 같은 도구적 의미가 아니다. 성자께서는 하느님이신 까닭에 참으로 창조의 행위자이시다. 그분은 성부와 성령과 함께 유일한 창조주이시다. 그분의 중재는 다른 층위에서, 곧 성자 자신의 신성 내적인 위치에서부터 이해되어야 한다. 성자께서 아버지로부터 영원히 '나심'은 하느님이 행하신 온갖 생명의 선사에 '근거(이유)와 원인'ratio et causa이 된다. 달리 말하면 시간 안에서 이루어진 모든 존재의 통교(창조)는, 성부께서 성자에게 행하신 신적 생명의 영원한 통교를 그 모델과 기초로 가진다.

이것이 피조물들에게 무슨 의미를 지니는가? 모든 피조물이 아들을 통해서 이루어진 창조의 열매라면, 그러니까 스스로는 아무것도 소유하지 않고 모든 것을 아버지로부터 받은 성자를 통해 피조물들이 창조되었다면, 모든 피조물은 자신 안에 '수용성'과 '기꺼이 받아들임'을 특징으로 지닌다.

또 성자를 통해 피조물이 존재하는 한, 그들은 '말씀의 말씀들'verba Verbi이기도 하다. 모든 피조물은 제각기 '말씀의 음성'vox Verbi이다.[8] 나아가 피조물은 하느님이 '말씀하심으로 말미암은 존재'이므로 결국 그들은 하느님이 행하신 일종의 '선언'이 되고, 따라서 인간에 의해 이해되고 다시 주해될 필요가 있다. 이것이 창조계에 대한 인간의 다스림이다. 이 다스림은 하느님의 다스림과 마찬가지로 사랑에서 우러나와야 하므로 창조적이고 존경 어린 것이어야 하며 결코 파괴하거나 죽음으로 몰아가는 그런 다스림이어서는 안 된다.[9]

창조(또는 피조계 전체)는 말씀이신 분을 통해 성부에 의해 발설된 언어이므로, 우리에게 "지고의 아름다운 찬미가"[10]로, 하느님이 인간에게 하시는 말씀이 담긴 책으로 여겨진다.[11]

말씀을 통해 아버지께로부터 비롯되었기에, 또는 '사랑받는 사랑'이신 분('사랑하는 사랑'이신 분과 '두 분의 사랑 자체'이신 분과 구별되는 성자)의 중재로 생겨났으므로 모든 피조물은 자신 안에 사랑의 차원을 지니고 있으며, 이 사랑의 특징은 그 구조상 '받아들임'으로 이해되는 사랑과 아울러 '자신이 선물로 주어진 존재임을 자각함'으로 이해되는 사랑이다.

창조는 성부의 업적으로, 성자를 통해 '성령 안에서' 이루어진다. 이는 무엇보다도 창조가 하느님 사랑의 결실임을 의미한다. 이에 더해 어떤 의미에서 성령은 (동방 신학이 명백히 밝히고 있듯이) 성부의 생명이 역사 안으로 흘러 들어오는 지점이며 또 역사가 성부를 향해 귀환하는 지점이다. 따라서 그분은 하느님과 세상 사이, 신성 자체이신 분과 창조된 존재들 사이의 통교를 보증하신다. 만일 성령이 성부와 성자를 묶는 유대이자 포옹임을, 또 '신성 내적인 친교'의 위격임을 기억한다면 이 같은 사실을 더 잘 이해할 수 있다. 그래서 그분은 피조물과 창조주 사이를 일치시키는 원천이기도 하다.

바로 그렇게 성령 '안에서' 창조되어 존재하기에 피조물은 하느님 '안에서' 존속한다. 하느님은 만물을 보듬은 품속과도 같으며, 만물은 그 안에서 한없이 사랑받는다. 그분은 당신 피조물에 비해 절대적으로 초월적인 분이지만 피조물과 은혜로이 친밀한 관계를 유지하신다. 결코 시들지 않는 그 관계는 특히 피조물 자체가 존립하도록 보존하시는 데서(계속되는 창조), 그리고 그들의 최종 목적을 향해 지혜로써 인도하시는 데서(섭리) 드러난다.

성령 안에서 창조되었으므로, 모든 피조물은 '선물의 선물'do-num Doni이다. 아버지께서 원하시고, 아들의 모상에 따라 지어졌으며, 사랑으로 인해 존재하도록 부름을 받았기 때문에 피조물은 자신 안에 타고난 '선성'善性을 지니고, 그 자체가 완전하신 분의 창조된 반영으로서 '완전성'을 표현한다.[12]

더 나아가 성부와 성자의 사랑이며 포옹인 성령 안에서 이루어진 창조의 열매로서 존재하는 모든 것은 그 자신 안에 천부적 친교와 만남의 성향을 지니며, 그 구조상 '관계 안의 존재'로 특징지어진다.

3. 창조의 목적이신 삼위일체

삼위이신 하느님은 또한 창조의 목적이신가?

바오로에 의하면 성부는 창조의 기원이자 원형이며 목적이시다. "과연 만물이 그분(하느님, 성부)에게서 나와 그분을 통하여 그분을 향하여eis(목적으로) 나아갑니다"(로마 11,36). 모든 것은 성부로부터 성자를 통해 성령 안에서 비롯되고, 성자를 통해 성령 안에서 성부께로 귀환한다. 이것이 모든 실재와 역사의 여정이다. 성부께서는 만물이 생성하는 지점이며 돌아갈 본향이고 시작과 마침, 근원과 완성이시다. 하느님의 부성은 창조주와 피조물 간의 항구한 친밀함에 보증이 된다. 당신 자체로 아버지이신 하느님은 자녀들에게 존재를 부여하지 않으실 수 없다. 이런 하느님은 결코 단순하게 사물들의 '제조 기술자'나 '제작자'로 여겨질 수 없고, 오히려 사랑으로서 당신 이외의 다른 존재를 원하신 분으로 이해되어야 한다. 또 그분은 사랑 안에서 당신 피조물들과 변함없는 관계를 지속하고자 하신다. 이는 피조물들에게 한 가지 확신의 동기가 되는데, 곧 그들은 허무의 어둠 속으로 사라지도록 운명 지어진 것이 아니라 생명을 창조하신 분과의 영원한 친교로 예정되어 있는 것이다.

성자 역시 창조의 목적이시다. "만물이 그분을 통하여 또 그분을 향하여 창조되었습니다"(콜로 1,16). 성자로 말미암아 영원과 시간이, 무한과 유한이, 신성과 인성이 한데 만난다. 그리하여 피조물들은 더없이 높은 존엄으로 들어 올려진다. 사실 '아버지와 함께 계시는'(요한 1,1-2) 말씀이신 그분이 세상에 오시니(요한 1,9-11), 이는 인간들이 하느님의 자녀가 되도록 하려는 것이다(요한 1,12-13). 그리고 그분은 피조물들을 들어 높이기 위해 당신 자신을 낮추시며, 인간들을 노예살이에서 해방시켜 '주인'이 되도록 하기 위해 스스로 종이 되신다. 그러므로 신약성경을 따라, 모든 것은 '그리스도화'되기 위해, 또 아버지의 완전한 모상인 그분의 모상이 되고 아버지와의 친밀한 관계를 누릴 수 있기 위해 존재하노라고 말할 수 있겠다. 성자를 통해 비롯되고 그분으로부터 생명을 얻고 그분께 방향 지어진 까닭에, 모든 피조물은 본향을 향해 나아가는 일종의 '출애굽'을 실현한다. 그리고 "모든 것 안에서 모든 것이 되시는 하느님"(1코린 15,28)이 그 도달할 본향이다.

이런 여정은 파스카 후에 성부와 성자로부터 역사에 주어진 성령으로 말미암아 이루어진다. 성령께서는 세상 안에 거하시면서 성부의 계획이 실현되도록 움직이신다. 그분은 새 하늘과 새 땅의 도래나 창조의 끝에 오는 끝없는 안식일의 도래를 위해, 혹은 하느님과의 만남, 휴식, 끝없는 평화가 임하는 때를 준비하기 위해 일하신다. 부활하신 그리스도에 의해 약속된 영원한 안식일, 그날은 결코 밤이 없을 것이다. 그날은 모든 역사가 휴식을 취하는 때이며 삼위이신 분과 복된 친교를 누리는 때, 오랜 그리움과 유배로 괴로워하던 시간이 지나고 마침내 '본향 집'에 머물게 되는 때다.

8장 삼위일체와 구원

들어가며

이 장에서는 하느님의 자유로운 행위의 또 다른 측면을 자세히 살펴보되 이를 삼위일체적 생명의 탁월하고 신비로운 실재에 비추어 파악해 보자. 여기서는 '구원' 혹은 하느님이 우리 역사 안에서 이루시는 일들을 다루고자 한다. 그것은 우리 존재의 부정적 국면에서 우리를 해방시키시는 일, 피조물들의 삶에 따라오는 죽음이라는 상황에서 우리를 구하시는 일, 우리를 기쁨과 복락, 자유와 행복 속에 살도록 하시는 일이다.

'구원'을 생각할 때 우리는 항상 변함없는 평화와 행복, 복락의 상태와 그 상태의 영속성을 연관시키게 된다. 또는 개인으로

나 공동체의 일원으로나 우주의 일부분으로서의 충만한 실현을
관련지어 생각하기도 한다. 구원은 인간이 그의 실존 안에서 얻
으려는 대상 중 하나이며, 특히 종교적 체험을 통해 획득하고자
하는 대상이다.

1. 구약성경의 구원

구약성경에서 '구원'이라는 개념은 다음의 의미를 지닌 용어들
로 표현되는 경우가 대부분이다. 곧 도움, 행복, 복락, 해방, 하
느님이 인간에게 선사하시는 승리 등이다. 구원은 세상과 인간
이 부정적 상황에 처했을 때 필요해지며, 오로지 하느님만이 세
상과 인간을 거기서 구하실 수 있다. 야훼 하느님의 은혜로운 무
상의 개입만이 피조물들이 파괴되거나 파멸하지 않도록 막을 수
있다.

이스라엘이 이 같은 구원 개념을 규명하고 심화하는 데는 그
들 자신의 역사적 체험, 이집트 종살이에서 해방되는 순간 절정
에 이른 그 체험이 분명 중점적 역할을 했다. 야훼 하느님의 전
능하고 결정적인 개입으로 일어난 이집트 탈출 사건은 이 선택
된 백성에게 온갖 구원 체험의 상징이 된다. 구약성경에 의하면

이 사건에서 결정적인 것은 하느님의 자유롭고 지고한 무상의 행위였다. 이러한 하느님의 행위는 단지 종살이를 면하게 하는 것뿐 아니라 하느님과 그분 백성 사이에 매우 친밀한 관계를 시작하고 평화와 복락, 안정과 행복을 누리는 시대가 도래하는 것을 목적으로 한다.

한 가지 더 주목할 것이 있다. 이스라엘의 신앙에 따르면, 야 훼께서 당신 백성을 위해 이룩하시는 구원 업적은 인간이 하느님의 정체를 이해할 수 있도록 돕는다. 하느님의 구원 업적이 바로 하느님 생명의 신비를 명확히 이해하기 위한 준거다. 사실상 이집트 종살이로부터의 해방으로 드러날 당신의 전능한 개입을 시작하시기 전에 모세에게 당신을 계시하시면서, 하느님은 "나는 있는 나다"(탈출 3,14)라고 스스로를 정의하신다. 이 선언으로 그분은 당신 백성과 함께 현존할 것임을 보여 주시고, 그럼으로써 그들에게 복된 미래의 선사를 보증하신다.

한편 구약성경에서는 구원의 중재자들의 존재가 매우 비중 있게 나타난다. 그들은 중요한 내용을 입증하고 있는데, 하느님이 당신의 구원 행위에 인간이 참여하기를 원하신다는 사실이 그것이다. 하느님은 당신의 피조물들과 역사를 위해 개입하실 때마다 언제나 근원적 행위 주체로 남아 계시면서도 자주 몇몇 개인을 부르시고 파견하신다. 그들은 그분의 영으로 가득 차고 변화하여 선을 위한 그분의 계획이 실현되도록 자유로이 협력한다. 이렇게 인간이 협력하는 형태를 우리는 크게 세 가지로 나눌 수 있다. 즉, 예언자(하느님의 대변인), 왕(평화와 정의를 수호하는 이), 그리고 사제(예배를 거행하는 이)의 신분으로 협력하게 된다. 아울러 기억할 것은, 모든 믿는 이도 하느님에 대한 신앙과 말씀의 경청, 계약에 대한 충실성과 정의를 통하여 구원 사업에 참여한다는 것이다. 모든 이는 어떤 식으로든지 하느님의 협력자가 될 수 있고 또 되어야 한다.

구약성경은 하느님에 의해 약속된 구원의 보편적 가치에 대해서도 진술하고 있다. 이스라엘 백성은 자신들이 모든 인간 가운데서 하느님의 은혜로운 현존의 표지요 도구로 선택되었음을 안다. 아브라함의 자손들은 모든 민족에게 축복이 되도록 부름받았다.

구약성경을 그 총체성 안에서 바라볼 때, 구원 역사를 특징짓는 일종의 법칙을 어렵지 않게 규명해 낼 수 있다. 그것은 "성취와 기다림 사이의 긴장이다"(W. Trilling). 하느님의 전능하신 개입으로 역사 안에 일어나는 것들은 한편으로 말하면 이미 '실현된' 구원이다. 그럼에도 이스라엘은 약속의 내용이 '아직도' 완전히 실현되지 않았으며, 따라서 미래에 대한 애타는 기다림과 긴박감을 가지고 살아가야 하리라는 점을 잘 알고 있었다.

구약성경의 구원 개념이 가지는 집단적이고도 개인적인 가치는 간과할 수 없을 만치 중요하다. 하느님의 행위는 언제나 개개인 전체와 민족, 온 세상을 목표로 한다. 모든 것과 모든 이가 하느님 전능하심의 은혜를 입도록 잠재적으로 부름 받았다. 야훼 하느님은 모든 이와 모든 것을 위해, 그들이 유배에서 해방되어 자유로 나아가기를 원하신다.

이러한 구원의 보편적이고 일반적인 가치는 그 개별적 측면을 배제하지 않는다. 개별적 구원은 구약성경 안에서 여러 가지 선, 물질적이고 정신적이며 또한 현세적이고 미래적인 것으로 표현된다. 복락, 건강, 자손 번성, 장수, 평화, 정의, 평온무사, 죽음 후의 삶 등이다. 개별적 구원은 근본적으로 신적 자애로움의 결과인 까닭에 하느님께 달려 있지만 인간의 충실함과도 관련되어 있다. 다른 말로 자신의 운명에 대한 인간의 능동적 역할도 인정된다는 말이다. 비록 홀로 야훼 하느님만이 "구원의 방패"(시편 18,36)가 되시며 "구원의 바위"(신명 32,15)이시고 완전한 "구원자"(시편 18,3)임이 변함없는 진리라 할지라도 그러하다.

2. 신약성경의 구원

신약성경에는 예수 그리스도가 유일한 구세주(사도 4,12)라는 매우 놀라운 주장이 담겨 있다. 나자렛 예수의 삶과 죽음과 부활로 인해 인간은 자신이 처한 부정적 상태에서 실제로 해방되었고 '새로운 세상'과 '마지막 때'에 결정적으로 진입하게 된 것이다. 심판이 아니라 구원을 위해 하느님으로부터 파견된(요한 3,17; 12,47) 나자렛 예수는 "우리의 잘못 때문에 죽음에 넘겨지셨지만, 우리를 의롭게 하시려고 되살아나셨습니다"(로마 4,25). 예수로 말미암아 모든 실재는 복된 미래를 투영하게 되고 역사는 의미와 하느님이 친히 보장하시는 긍정적 전진 방향을 이미 지니게 된다. 그리스도 사건 후에 인간에게는 한 가지 확신이 주어졌으니, 하느님은 "모든 사람이 구원을 받고 진리를 깨닫게 되기를 원하신다"(1티모 2,4)는 것, 그분은 이를 더할 나위 없이 확고하게 원하신다는 사실이다(로마 8,38-39).

이런 독창적 주장과 더불어 신약성경에는 구약에서 말하는 구원 개념들의 근본 요소도 담겨 있다. 초대 그리스도교 공동체 역시 구원을 단순히 부정적 상황에서의 회복이나 극복으로 여기지 않고 인간과 세상을 위해 거저 베푸시는 하느님의 돌보심으로 이해했다. 이 구원은 주 예수 그리스도의 아버지이신 하느님과, 실제로 하느님의 자녀가 되어 그분을 '아빠'라고 부르면서(로마 8,15; 갈라 4,6-7) 구원을 청하도록 부름 받은 인간이 새롭고 더욱 심원한 개인적 관계를 맺는 것을 목표로 한다.

그런데 초대교회에서도 그들에게 위로를 주는 이 진리의 확고함은 역사적 체험으로부터 얻어진 것이다. 그리스도는 새로운 모세이시다. 그분은 죄와 죽음과 율법의 종살이로부터 결정적으로 인간을 이끌어 내시어 하느님 자녀들이 누리는 자유로 인도하신다(갈라 5,1; 로마 6,15 이하). 이스라엘에게 야훼 하느님의 구원 업적이 바로 그분의 정체성을 이해하는 데 결정적 역할을 한 것과 마찬가지로, 초기 그리스도교 공동체에게도 하느님이 당신 아들 나자렛 예수와 성령을 보내심으로써 실현하신 구원이야말로 하느님을 알고 그분에 대한 신앙을 고백하는 새로운 방식의 기초가 된다. 예수 그리스도의 아버지이신 하느님과 하느님으로부터 파견받은 성자와 이 두 분으로부터 보내어진 성령, 이러한 하느님이 역사 안에 현존하심은 그리스도인들로 하여금 전대미문의 주장을 선포하도록 했으니, 그들은 유일한 한 분이시면서도 여러 구별되는 위격과 친교가 존재하는 하느님을 선포한 것이다.

이와 함께 신약성경은 구원의 '중재자'에 대해서도 말한다. 우선 그 무엇보다도 뛰어나고 완전한 중재자로 그리스도를 꼽을 수 있다. 또 다른 중재자들은 주님이신 예수께서 부르시고 파견하신 이들, 곧 사도들로, 부활하신 그분에 의해 목자요 말씀의 선포자이며 새로운 예배를 위한 사제들로 세워졌다. 마침내 믿는 이들도 구원 계획의 실현에 협력하고 믿음과 희망과 사랑과 순종과 영적 희생 제사를 통해 이루어지는 새로운 사제직(베드로의 첫째 편지 참조) 안에서 그 구원 계획에 응답하도록 부름 받음으로써 중재자가 된다. 이와 함께 초대 그리스도교 공동체는 구원이 하느님께서 성자를 통해 성령 안에서 인간에게 내놓으시는 하나의 제안 혹은 초대임을 잘 알고 있었다. 대체로 모든 제안이 그렇듯이 구원 역시 받아들이거나 거부할 수 있는 것이다.

나아가 그리스도께서 오신 후에도 '성취와 기다림 사이의 긴장'이라는 구원의 기본 법칙이 효력을 발휘하고 있다는 것을 지적해야겠다. 초대 그리스도교 공동체는 '마지막 때'가 임했다는 확신을 살아가면서도 하늘의 참된 본향을 갈망하고 있었다.

마침내 신약성경 역시 구원의 집단적이고 개인적인 가치를 인정한다. 믿는 이들은 예수께서 "많은 이를 위하여"(마르 14,24) 또는 모든 이를 위하여 피를 흘리셨을 뿐 아니라, 동시에 그분이 "나의 주님, 나의 하느님"(요한 20,28)이심을 안다.

나아가 이 구원은 보편적이고 전체적인 가치를 지닌다. 이는 구원이 모든 실재, 모든 인류와 인간의 모든 국면을 포괄한다는 의미에서 그렇다. 물론 우선적으로 구원이 영적이고 미래적인 특성을 지니는 몇몇 선익을 나타낸다는 것도 맞는 말이다. 그러나 이것은 구원이 인간 실존이 처한 '지금 여기'의 상황과 관련이 있음을 배제한다는 뜻은 아니다. 이에 대해서는 예수가 행한 이적들과 치유 기적들을 떠올리는 것으로 충분하다. 이 기적들은 흔히 복음서들에서 하느님 나라의 현존과 마지막 때가 도래한 표지로 해석되었다. 이 밖에도 그리스도와 성령과 성부의 현존이 믿는 이들의 삶에 주는 선익 혹은 복음을 받아들이고 세례를 받음으로써 교회 공동체의 일원이 된 이들 사이에 이루어지는 형제적 친교의 선익도 구원의 측면에서 생각할 수 있다.

마지막으로 짚고 넘어갈 것이 있다. 신약성경 저자들은 예수께서 아버지에게로 돌아가신 후, 구원이 구체적으로 체험되는 자리는 바로 교회, 곧 믿는 이들의 공동체임을 공공연히 천명한다. 이는 사도들의 설교가 하나같이 증언하는 사실이다. 설교들은 믿는 이들이 교회라는 한 몸을 이루고 그리스도는 그 머리가 되시며(콜로 1,18; 3,15) '충만함'(에페 1,22 이하)이자 생명과 성장의 원리(콜로 2,19; 에페 4,11-16)가 되심을 단언한다. 그리고 예수가 '당신 친히 부르신 이들로 구성된 무리'의 '목자'가 되기를 원했음을 보여 주는 복음서의 증언들(마르 14,27; 병행 구절은 요한 10,1-29)에서 볼 수 있듯이, 교회는 또한 예수의 구원 사명의 목표 가운데 포함되어 있다. 이 '부름 받은 이들'이 이루는 특별한 공동체를 지시하기 위해 나자렛 예수는 혼인 잔치에 초대받은 이들(마르 2,19와 병행 구절)과 씨 뿌리기(마태 13,24)의 비유를 들거나 그 공동체를 도시(마태 5,14)와 가족(마태 23,9)에 비교하면서 '유기적' 실체로 특징짓는가 하면, 공동체를 위해 일련의 '구성 요소'를 명시한다. 곧 베드로를 수장으로 하는 열두 사도(마르 3,34와 병행 구절), 보편성(마태 8,11 이하), 기도(루카 11,2-4), 삶의 양식(마태 5,1-12), 최고의 율법인 사랑(요한 15,12), 수난의 기념(마르 14,22-24), 당신의 재림을 기다리라는 명령 등이다.

3. 삼위이신 하느님은 구세주시다

신약성경은 말한다. 누가 그리스도인들의 하느님을 이해하고자 한다면, 그리고 그분이 이룩하셨고 신앙인들에게는 현존하는 실재이자 장차 도래할 실재이며 현재와 미래에 이루어지는 것으로 체험되는 구원을 이해하고자 한다면, 그는 필연적으로 파스카 신비를 묵상해야 한다. 그리고 그는 하느님이 '아버지'시며, '아들'(사람이 되시고 하늘나라를 선포하셨으며 기적을 행하시고 죽으시고 다시 일으켜지신)과 '성령'(사람들에게 하느님의 부성과 나자렛 예수의 다스림을 깨닫게 하시는)을 보내신 분임을 선포해야 한다.

구원은 인간이 자신에게 주어진 자유를 잘못 행사하는 바람에 역사 속으로 들어온 죄와 악, 죽음을 없애시는 하느님의 행위 전체다. 또 이 신적 행위의 결과이자 효과 혹은 인간이 무상으로 얻게 된 새로운 생명으로 이해할 수 있다. 이러한 구원을 고찰하다 보면 우리는 즉시 삼위일체이신 하느님께로 주의를 돌리게 된다. 과연 신약성경은 성부께서 구원의 기원임을 명백히 보여 준다. "하느님(성부)께서는 세상을 너무나 사랑하신 나머지 외아들을 내주시어, 그를 믿는 사람은 누구나 멸망하지 않고 영원한 생명을 얻게 하셨다"(요한 3,16). 구원의 중재자인 성자에 대해서도 말한다. "하느님께서는 기꺼이 그분 안에 온갖 충만함이 머무르게 하셨습니다. 그분 십자가의 피를 통하여 평화를 이룩하시어 땅에 있는 것이든 하늘에 있는 것이든 그분을 통하여 그분을 향하여 만물을 기꺼이 화해시키셨습니다"(콜로 1,19-20).

마침내는 성령에 대해 말하면서, 그리스도 안에서 자신을 드러내 보이신 성부께서 우리를 구원하시는 그 선하심이 성령을 통해 모든 시대와 장소에 퍼져 나간다는 것을 여러 번 강조한다(사도행전). 더 나아가 이 세 위격은 구원 행위의 목적으로 나타난다. "우리의 친교는 아버지와 또 그 아드님이신 예수 그리스도와 나누는 것입니다"(1요한 1,3). 구원 역사의 최종 목적으로도 묘사된다. "하느님께서는 모든 것 안에서 모든 것이 되실 것입니다"(1코린 15,28).

이 신앙 내용을 더 정확히 표현하자면, 구원은 그 기원과 경륜과 목적에서 삼위일체적 구조를 지닌다고 할 수 있다.

3.1. 구원의 삼위일체적 기원

성부, 성자, 성령께서 자유로운 신적 행위의 '유일한' 근원이시므로, 구원은 당연히 삼위일체의 업적이다. 이는 구원의 계획에서부터 그러하다. 우선 이 계획은 성부께 속하는 것이니, 성부께서는 '신적이고 영원한 조화의 심포니', 모든 시대에 걸쳐 울려 퍼지는 '자유로운 사랑의 노래'의 기원이요 원천이 되신다. 아울러 이 계획은 성자께도 속하는 것으로, 그분은 성부의 지고한 아름다움을 투영하는 모상이며 성부의 형언할 길 없는 신비를 시간 속에 비추는 반영이다. 마찬가지로 성령께도 이 계획은 속한다. 그분은 성부와 성자 두 분의 포옹이며, 사랑으로 인해 영원하신 분과 역사 사이의 연결 고리가 되고자 하신 분이다.

이렇게 구원의 기원을 숙고해 본다면, 그것은 우리에게 세 위격의 실재를 환기시키는 한편 모든 신성의 원천이며 피조물들의 존재 근원이신 성부께로 우리를 이끈다. 오로지 사랑 외에 다른 이유가 없는 그분의 결단만이 그분으로 하여금 당신 자유로써 기꺼이 역사를 굽어 살피도록 하는 합당한 이유가 된다. 그 결단은 성자와 성령의 파견으로, 또 피조물들이 그분과 같은 신적 생명에 참여하기까지 '드높여짐'으로 나타난다.

3.2. 구원의 삼위일체적 경륜

신약성경 저자들은 구세주 예수의 역사와 인격을 이해하기 위해서는 삼위일체적 해석 방식을 채택해야 할 필요가 있음을 가르친다. 그리스도 사건은 삼위일체 '구조'를 보여 주고 있으며 "오로지 이 삼위일체 구조를 파악함으로써 그리스도의 정체성을 충만히 이해할 수 있다".[1]

복음의 선포 내용을 이렇게 종합할 수 있겠다. '우리 인간을 위하여 그리고 우리 구원을 위하여' 아버지께서는 아들과 성령을 보내셨다. 말씀께서는 육을 취하셨으며 성령께서는 교회와 세상 안에 퍼져 나가신다. 그러므로 왜 '삼위일체를 말하는 것이 곧 구원에 대해 말하는 것'인지가 분명해진다. 삼위일체를 말하는 것은 피조물을 위해 무상으로 행하시는 그분의 일들을 말하는 것이며, 극진히 사랑하시기 때문에 그만큼 지극히 사랑받으셔야 할 하느님의 숭엄하고 위로 가득한 신비를 말하는 것이다.

특별히 십자가 사건은 나자렛 예수의 아버지께 대한 충실함으로 일관된 삶의 성취이자 결말인 '역사적 사건'이며, 하느님이 아들을 통해 스스로 행하시는 자유로운 자기 통교의 '정점'을 이루는 사건이다. 이 십자가 사건을 묵상하면 그 또한 '삼위일체적 사건'임을 보게 된다.[2] 실상 십자가 사건에서 아버지께서는 '아들을 넘겨주고 버리셨으며'(마르 15,34), 영은 십자가 위에서 죽은 아들의 찔린 상처를 통하여 흘러나온다(요한 19,34). 나아가 나자렛 예수가 하느님의 아들임이 극명하게 입증되며(마르 15,39), 오랜 흩어짐과 유배의 때가 지난 후 다시 아버지의 집으로 돌아오는 인간의 귀환과 화해가 성취된다.

또한 십자가에서 죽은 예수의 부활은 아들의 봉헌에 대한 아버지의 수락이고 구원에서 결정적 가치를 지니며,[3] 역시 삼위일체적 사건이다.[4] 실상 예수를 죽은 이들 가운데서 다시 일으키시어(사도 2,24) 주님과 그리스도가 되게 하신(사도 2,36) 분은 하느님이시다. 예수는 아버지께서 다시 일으키신 대상이다. 권능을 지니신 하느님의 아들로 높여지시고 책봉되신 분은 바로 죽기까지 낮춤을 받으신 그분이며 아버지께서는 아들의 진실성을 증언하신다. 예수의 부활로써 하느님과 인간 사이를 갈라놓았던 벽이 무너지고(에페 2,14-18) 인간은 새로운 상태에 도달하게 되었다(1코린 15,20-28). 마지막으로 성령은, 예수가 성령 안에서 일으켜지시고(1베드 3,18) 생명을 주시는 분이 됨으로써(사도 2,32) 파스카 사건에 관계된다. 십자가에 못 박히신 성자를 다시 일으키고 현양하

고 전적으로 그에게 작용하도록 보냄을 받은 성령은, 파스카 후
에는 아버지와 아들에 의해 인간들에게 파견되신다. 그리고 새
로운 마지막 날이, 곧 종살이와 죽음과 어둠의 세력으로부터 해
방되는 구원의 날이자 삼위이신 하느님과의 친교가 이루어지는
날이 시작된다.

이렇게 해서 구원을 가능하게 한 하느님의 업적과 연관시켜
볼 때, 구원은 우리의 눈길을 다름 아닌 신적 위격들의 공동체로
이끌어 간다. 그렇지만 구원은 우리의 시선을, 죽으시고 부활하
신 주님, 당신의 희생을 통해서 '믿는 이들에게 천국을 열어 주
신' 고통받는 종이신 성자께로 돌리게 한다. 유일무이한 효력을
지닌 결정적 방법으로 '모든 이를 위하여' 당신 피를 뿌리시고
골고타 언덕에서 비천하게 죽어 간 그분에게로 우리를 이끈다.
그분이야말로 인류의 빛이며 구원자, 죽음을 이긴 승리자, 해방
자, 거룩하게 되신 분, 하느님의 정의이시다.

3.3. 구원의 삼위일체적 완성

구원의 기원과 경륜에 대해 고찰하면서, 구원은 우선 인간을
위한 하느님의 행위요 특별하게는 그리스도의 행위임을 살펴보
았다. 이제 그 완성과 목적에 관련해 살펴보면, 구원은 먼저 그
러한 신적 행위의 결과로 이해된다. 이런 의미에서 구원은, 그리

스도교 신앙에 따르면 다른 무엇보다 죄로 인해 상처 입은 결과 개인적으로나 공동체적으로, 영적으로나 역사적으로 억눌려 고통당하던 인간의 회복과 해방을 가리킨다. 더 나아가 구원은 "자기 존재의 충만함"(K. Rahner), "진정으로 완전한 존재의 실현"(W. Kasper), "하느님과의 화해"(K. Barth), 삼위일체와 여타 모든 피조물과의 친교로 부름 받는 인간의 소명이다.

삼위일체이신 하느님은 우선 구원의 완성이자 목적이시다. 무엇보다도 '지금 여기' 혹은 우리 실존이 처한 현재와 관련해서 그러하다. 하느님이 당신 원의로 인간의 시간과 공간에 들어와 현존하신 기나긴 역사(구원의 역사)는 아브라함을 부르시면서 시작되었고 그리스도의 재림으로 마지막을 맞을 것이다. 엄밀히 말해서 이 구원사는 삼위일체 하느님을 역사 안에 거하시게 하며 역사를 삼위일체이신 분에 이르기까지 들어 높임을 목적으로 한다. 인간은 비록 나날의 약함과 수고, 근심과 실망 속에 살아가지만 이미 지금 실제로 '새로운 생명'의 기쁨을 체험하며, 수고와 약함 가운데서도 평온함과 희망에 찬 '새로운 노래'(묵시 5,9)를 부른다. 그러면서 한편 인간은 역사 안에서 본향을 향해 전진을 계속하고 있다. 이 같은 새로운 상황의 진정성은 역사 안에서 움직이는 성령의 활동에 깊이 의존한다. 실상 하느님 아버지와 주 예수 그리스도에 대한 신앙의 수락을 가능케 하는 분은 파라클리토 성령이다. 그분은 과거의 구원 업적을 '지금 여기' 현존하게 하신다. 성사들을 통해 하느님의 무량한 생명을 생생히 체험하도록 하는 분도 성령이시다. 원하시는 대로 원하시는 장소에 바람처럼 불면서 이 세상 방방곡곡에 기대와 동요를 일으키시는 분 역시 성령이시다. 그분은 선의를 지닌 모든 인간의 연대와 정의를 위한 노력을 지지하시며, 해방을 향한 온갖 노력을 정의와 평화의 나라가 도래하게 만드는 의미 있고 효과적인 행동으로 변화시키신다.

삼위일체이신 하느님은 단지 '지금 여기'에서의 구원만이 아니라 '이제와 항상 영원히' 구원의 완성이자 목적이 되신다. 이미 하느님은 나날의 수고로운 삶을 살아가고 있는 인간에게 당신 자신을 드러내셨으며, 현재를 "영원한 구원이 드러나고 실현되며 그 구원을 살아가는 장소"[5]로 변화시키셨다. 그 후에 그분은 당신 스스로를 목적지이며 돌아갈 본향으로 제시하신다. 이것은 '지복 직관', 성부와 성자와 성령의 복된 친교, 결코 저물지 않는 영원한 날이다. 그리고 이 전망 안에서는 성령의 역할이 결정적인 것으로 나타난다. 그분은 역사를 역사 너머로 이끌어 가시는 분이다. "성령께서는 역사 바깥에 계시는 분이다. 역사 안에서 활동하실 때 그분은 역사에 마지막 날, 곧 종말*éschaton*을 가져오시기 위해 활동하시는 것이다."[6]

구원의 기원이 특별한 방식으로 우리의 주의를 성부께 돌리게 하고, 구원의 경륜이 우리를 아주 강력히 성자께로 이끌어 간다면, 구원의 삼위일체적 완성은 특별히 성령과 연관되어 있다. 새로운 생명이나 구원된 이들의 생명은 새로운 율법의 인도하에 "성령을 따라 나아가는"(갈라 5,25) 데 있으며, 이 생명은 "우선적으로 성령의 동일한 은총으로서 그리스도를 믿는 이들에게 주어진다".[7]

9장 삼위일체 체험의 자리

들어가며

삼위일체의 실재와 그에 대한 신앙에 비추어 창조와 구원을 고찰했다. 이 장에서는 삼위일체에 대한 체험이 실제로 이루어지는, 말하자면 체험의 '자리'들에 주목해 보자. 오늘날 어디서 삼위이신 하느님을 만날 수 있을까? 하느님은 어디서, 어떻게 우리의 체험 속에서 당신을 드러내시는가?

1. 교회

믿는 이들이 삼위일체를 체험할 수 있는 첫 번째 '자리'는 교회 공동체다. 교회가 있는 곳에 삼위일체가 계시다ubi ecclesia, ibi Trinitas. 교회는 삼위일체에 기원을 두고 있으며 세 위격의 마음과 정신에서 탄생했다. 제2차 바티칸 공의회에 의하면 교회는 무엇보다도 "성부와 성자와 성령의 일치로 모인 백성"[1]으로 이해되어야 한다. 성부께서는 놀라운 구원 계획의 원천이자 근원이시며, 그 구원 계획은 교회 공동체의 실현으로 완성에 이른다. 성자께서는 당신 말씀과 행업으로 하늘나라를 지상에 임하게 하셨으며, 교회는 그 하늘나라의 표지이며 발단이다.[2] 뿐만 아니라 믿는 이들의 공동체는 그리스도의 몸이다. 바오로가 이를 단언하고 있으며, 바오로의 가르침에 기초를 둔 교회의 가르침과 신학자들이 아울러 이를 분명히 밝히고 있다.

그리고 교회는 성령의 도우심으로 끊임없이 성립되고 유지되며 생기를 얻는다. 제2차 바티칸 공의회가 기회 있을 때마다 선언한 대로, 교회를 '성령의 성사'라고 일컫는 것은 타당하다.[3] 파라클리토 성령께서는 교회 공동체의 '기원'이나 '정체성', '사명'에서 결정적 중요성을 지니신다.

1.1. 교회의 기원

성령이 부활하신 분의 증인들 위에 풍성히 내림으로써 교회가 존재하고 그 역사가 시작되었음을 기억한다면, 성령을 교회의 '공동 설립자'(Y. Congar)로 인정하기란 어렵지 않은 일이다. 오늘날도 여전히 성령은 교회의 공동 설립자시다. 그분 없이는 그 누구에게도 하느님은 성부이시고 예수는 주님이심을 깨닫게 되는 '새로운 탄생'은 불가능하다. 교회는 성령 안에서 하느님을 '아빠'(로마 8,15; 갈라 4,6)로 부르며 예수의 주권(1코린 12,3)을 선포하는 이들의 공동체다. 파라클리토 성령은 아버지와 아들의 연결 고리이기에, 그분이 믿는 이들에게 선사되실 때는 그분 역시 성부와 성자 두 분을 믿는 이들 각자에게 '보내시며', 그들의 마음과 입술에서 성부와 성자의 이름이 쉼 없이 피어나게 하신다.

1.2. 교회의 정체성

한편 교회의 정체성을 이해하기 위해서도 우리는 성령을 참조해야 한다. 교회는 무엇이며 또 무엇을 하는가? 「교회 헌장」 4항을 빌려 대답할 수 있겠다.

성령께서는 교회 안에 그리고 바로 성전인 신자들의 마음 안에 머무르시고(1코린 3,16; 6,19), 그 안에서 기도하

시며 그들이 바로 하느님의 자녀라는 것을 증언하여 주
신다(갈라 4,6; 로마 8,15-16.26). […] 복음의 힘으로 성령
께서는 교회를 젊어지게 하시고 끊임없이 새롭게 하시
며 자기 신랑이신 그리스도와 일치를 이루도록 이끌어
주신다.

나아가 성령으로 말미암아 성부께서는 믿는 이들이 '하느님의
거처'(에페 2,20-22)가 되는 것을 허락하신다. '그리스도의 영'은 또
한 교회의 가시적이고 제도적인 측면을 은총의 도구로 변화시킨
다(1코린 12,4-5). 바오로의 가르침에 따르면 성령은 교회의 각기
다른 은사와 직무의 원천이기도 하다(1코린 12,4-5). 파라클리토
성령께서는 이런 이들 혹은 저런 이들에게 '그분의 흔적을 남기
신다'. 성령께서 "사랑으로서 발출하시고"[4] 그 고유한 이름이
"사랑"인[5] 신적 위격이신 한, 모든 은사와 직무는 오로지 사랑
안에서만 의미를 가지게 되는 것이 분명하다. 은사와 직무들의
진정성은 언제나 사랑에 의해 이루어져야 하고 사랑에 의해 측
정되어야 한다.

　이처럼 교회는 성령의 협력으로 성립되었으므로 몇몇 특징적
이고 중요한 면모를 지닌다. 성령께서 이렇듯 부름 받은 많은 이
를 "하느님과 이루는 깊은 결합과 온 인류가 이루는 일치의 표

징이며 도구"[6]가 되게 하시면서 그들을 '하나'로 만드시므로, 교회는 하나이며 "일치의 성사"[7]다. 아울러 성령께서는 교회의 '보편성'의 근원이시며, 이 특징으로 인하여 어느 곳에서든지 믿는 이들 사이의 친교가 실현된다. 나아가 파라클리토 성령께서는 교회의 '사도 전래성'을 수호하시고 풍요롭게 하신다. 이 마지막 특징으로써 교회는 어느 시대에나 친교가 보증된다.[8]

성령의 도우심으로 세상 속에서 살아가는 교회 공동체는 또한 '거룩하다'. 그 구성원들이 거룩한 분(하느님)과의 친교communio Sancti, 성사(성사와 기타 거룩한 대상들)를 통한 친교communio sanctorum(sacramentorum), 성도들(믿는 이들)의 친교communio sanctorum(fidelium)를 실현하며 체험하고 있는 까닭이다.[9] 그러나 제2차 바티칸 공의회가 단언한 것처럼 교회는 '항상 용서받을 필요가 있다'는 사실을 잊어서는 안 될 것이다. 그 이유는 "자기 품에 죄인들을 안고 있기 때문"[10]이며 따라서 교회는 "죄인들의 공동체"[11]이기 때문이다.

마지막으로 "성령 안에서 교회는 마리아적이다".[12] 실상 교회 공동체도 마리아와 같이 "성령의 궁전"[13]이며 "성령께서 빚어 만드신 새로운 피조물"[14]이 된다. 교회는 '성령의 임하심으로' 자신의 품에 구세주를 잉태하여 그분을 세상에 선사하도록 부름 받았다. 교회는 성자와 더불어 생명의 친교를 체험해야 하고 그분의 말씀을 주의 깊게 경청하며 그 말씀을 자신의 마음속에 깊이 간직하여 새겨야 한다. 교회는 그리스도께서 당신의 구원 행위를 완수하시도록 재촉하며 간청해야 한다. 그렇게 "교회는 자기 주님의 어머니를 본받아 성령의 힘으로 동정녀답게 온전한 믿음과 확고한 바람과 진실한 사랑을 간직하고 있다".[15]

1.3. 교회의 사명

성령을 '공동 설립자'요 변함없는 지지자로 모신 교회는, 그로 말미암아 "여정 중에 있는 공동체", "현세를 거닐며 미래의 영원한 나라를 찾고 있는 공동체"[16]이기도 하다. 교회는 "종말론적 성격"[17]을 지녔으며 하느님이 약속하신 미래를 투영하고 있기에 이 세상 안에 고착되는 것을 거부하도록 요구받는다. 교회는 그 자신의 안정을 주님의 말씀과 약속 이외의 것에서 결코 찾을 수 없다. 인간적 확실함에 기대서는 결코 안 되며, 오로지 높은 데서 오는 능력에 신뢰를 두어야 한다. 마치 '주인'인 양 처신해서는 안 되며 오히려 항상 '종'이 되어야 한다. 나아가 '성령의 성사'로서의 교회는 그 본성상 자신을 넘어 나아가는 하나의 "중간적 실재"Zwischen-wirklichkeit[18]다. "하느님의 통치는 어느 날엔가 모든 실재를 포괄하게 될 것이다. 따라서 그분의 통치는 어디서든지, 곧 교회 밖에서도 이 순간 드러나지 않게 실현되고 있는 데, 교회는 오직 이 하느님의 통치를 미리 보여 주는 표지일 뿐이다."[19]

교회가 바로 '전前 최종적' 실재이기 때문에 '선교적' 성격을 띠는 것은 당연하며, 모든 곳에 복음을 선포하는 일에 진력하면서 어느 곳에서나 하느님의 성령으로 세상 안에 심겨 있는 '진리의 씨앗들'을 모으는 것 역시 당연한 일이다. '성령의 성사'인 교회의 지체를 이루는 신앙인들은 성령의 인도하심에 자신을 내맡기는 이들이다(로마 8,14). 이것은 단지 성령에 의해 조명되고 변화되도록 자신을 그저 가만히 놓아둔다는 의미가 아니다. 성령의 인도하심에 내맡긴다는 것은 새롭고 예측 불가능한 실재를 향해 용기 있게 전진할 수 있는 능력이 있음을 뜻한다. 그리고 모든 성급함과 온갖 형태의 영성주의와 비실질적 광신주의를 버린다는 것을 의미한다. 동시에 이는 모든 시대에 걸쳐 주님의 명령을 충실히 살아야 할 수고로운 의무를 진 공동체 전체와의 일치와 연대 안에 머물러 있기 위해 계속 노력하는 것이다. 다음의 인용문에서 이에 대한 타당한 설명을 볼 수 있다. "성령께서는 '보수주의자'들에게도 '진보주의자'들에게도 두려움을 불러일으키신다. 성령께서는 보수주의자들에게 두려운 분이니, 그들은 그분께서 자신들이 옛날부터 이미 알고 있는 어떤 방법이나 정해진 정식들 안에서 당신을 표명하실 때만 그분을 믿기 때문이다. 한편 진보주의자들에게도 두려운 분이니, 그들은 역사가 자기네 예상대로 진행되지 않거나 기대하는 박자에 맞춰 움직여 나가지 않으면 불안해하고 체념하기 때문이다. 둘 중 어느 편이든지 결과가 미리 정해지지 않은 곳에서는 용기 있게 성령을 체험하기를 거부한다."[20]

성령께서는 또한 하느님의 말씀이 능력과 효력을 지니고 계속해서 교회 안에 울려 퍼지도록 하신다. 그리스도의 말씀에 따라 탄생한 믿는 이들의 공동체는 복음에 의해 새로운 탄생을 거듭하며, 성령의 선물에 힘입어 역사 안에서 '거룩한 복음의 살아 있는 결과'sequentia sancti evangeli가 되도록 부름을 받는다. 이에 더하여 교회는 오직 성령의 은총으로만, 삶과 신앙의 원천이며 규범인 영감받은 말씀을 올바르게 해석할 수 있다.[21]

삼위일체와 교회의 연관성에 관해 마지막으로 살펴볼 점은 이것이다. 믿는 이들의 공동체는 신적 위격들의 공동체를 닮아 사랑이 그 원형이며 사랑으로 세워졌다. 삼위일체 안에서의 구별은 분열의 원인이 아니라 자기 증여와 일치의 근원이다. 이런 의미에서 교회는 성부와 성자와 성령이 이루는 완전한 공동체의 살아 있는 반영, 신적 태양의 찬란한 광채와도 같다.

삼위일체에게서 태어나 세 위격을 원형으로 하는 교회는, 삼위일체 안에서 자신의 완전한 성취를 이룬다. 실상 교회는 천상 본향을 향해 나아가고 있는 백성이며, 제2차 바티칸 공의회가 언명하듯이 "만물이 새로워지는 시간이 올 때(사도 3,21) 비로소 천상 영광 안에서 완성될 것이다. 그리고 그때는 인간과 밀접히 결합되어 인간을 통하여 그 목적에 이르는 온 세상도 인류와 함께 그리스도 안에서 완전히 새롭게 될 것이다"(에페 1,10; 콜로 1,20; 2베드 3,10-13).[22]

2. 전례와 성사

우리 신앙인들이 삼위일체를 체험할 수 있는 또 다른 장소나 사건은 바로 전례다. 전례는 교회의 삶에서 가장 중요한 순간이며, 흠숭을 목적으로 하는 '의식儀式의 집합'이 아니라 "개개인을 그리스도의 신비 안으로 들어가게 하면서 그만큼 그들을 신비의 예배자가 되게 한다".[23] 파스카 신비와 모든 그리스도교 신비의 기념이요 이들을 체험하는 순간으로서의 전례는 필연적으로 삼위이신 하느님, 곧 우리 가운데 구원자로 현존하시며 우리 흠숭의 지향점이 되시는 하느님 그분과 살아 있는 만남을 가지는 기회가 된다. 만일 주의 깊게 전례를 살펴본다면 "모든 전례에는 세상에 대한 그리스도론적 · 삼위일체적 전망이 깊이 스며들어 있다"[24]는 것을 알게 된다. 우리가 전례 거행을 통해 흠숭을 드리는 하느님은 "구체적으로 그리스도교의 하느님, 곧 삼위일체 하느님이시다".[25] 전례 거행 때 사용되는 모든 정식과 기도에서 이에 대한 분명한 증거가 드러난다. 그것들은 언제나 성자를 통하여 성령 안에서 하느님 아버지께로 향하고 있다.

전례 거행에서 중요한 위치를 차지하는 것은 성사다. 우리는 성사를 통해 개인적으로 하느님의 사랑과 능력을 체험하게 되므로 이는 우리에게 "하느님을 만나는 지점"(E. Schillebeeckx)이자 삼위이신 하느님을 만나는 접점이 된다. 하느님은 우리를 구원하셨으며, 우리를 위해서 당신 아들 나자렛 예수에 의해 실현된 구원 사건을 '지금 여기' 현존시키는 성령의 능력 안에서 우리를 계속 구원하신다.

예를 들어 세례는 항상 '성부와 성자와 성령의 이름으로' 베풀어진다. 세례는 인간을 다시 태어나게 하고 인간은 이를 통해 (성령의 능력으로 말미암아) 성자를 닮게 되어 그분의 죽음과 부활에 참여하게 되며, 교회 가족의 일원으로 교회에 입문함으로써 하느님 아버지의 참된 자녀가 된다.

성찬례는 아버지께 드리는 감사의 성사다. 이는 봉헌물(빵과 포도주)과 봉헌자들(전례를 거행하는 공동체)을 그리스도의 몸으로 변화시키는 성령의 힘으로 거행된다. 아울러 성찬례는 강생하신 말씀, 곧 죽으시고 부활하신 예수의 영광스러운 인성과 (그분의 도움을 통하여) 성부와 성령과의 실제적 친교(비록 성사의 표징하에 이루어진다 하더라도)를 가능하게 한다.

견진성사부터 병자성사에 이르기까지 다른 성사들을 살펴보아도 역시 모두 삼위이신 하느님에 대한 참되고 살아 있는 체험의 순간임을 알 수 있다. 그 성사들의 거행이 언제나 삼위일체의 전망 안에서 이루어지는 것은 우연이 아니다.

3. 고통

삼위일체의 체험을 가능하게 하는 또 하나의 '자리'는 십자가, 곧 인간의 고통이다. 고통은 언제나 깊은 겸손을 가지고 접근해야 하는 인간적 사건이다. 교황 요한 바오로 2세가 1984년에 발표한 사도적 서한 「구원에 이르는 고통」*Salvifici doloris*은 인간 고통의 그리스도교적 의미를 밝히고 있는데, 여기서는 고통 중에 있는 인간을 "결코 함부로 다룰 수 없는 신비"[26]라고 말한다.

대체 어떤 의미에서 고통이 삼위일체 하느님을 체험하는 '체험의 장'이라고 할 수 있는가? 이 점을 이해하기 위해 성경의 세 인물을 참조하면 도움이 될 것이다.

첫 번째 인물은 욥이다. 그는 하느님께 질문하는 인간의 표상으로, 자신이 당하는 고통의 이름으로 하느님께 도전하다시피 하고 있다. 고통은 욥 자신의 탓이 아니며 그 어떤 의미도 없는 것처럼 보인다. 욥은 경악과 고뇌에 차서 '왜?'냐고 하느님께 탄원한다. 무슨 이유로, 무슨 목적으로?

욥이 던지는 이 '왜?'라는 질문은 하느님을 부정하는 결과를 낳을 수도 있다. 바로 이 악과 고통의 존재를 이유로 하느님의 존재를 부정하는 이가 결코 적지 않다. 바꾸어 말해서 고통은 숙명론이나 체념을 낳는데, 이것은 악이란 거부할 수 없는 것이며 악을 거슬러 싸우는 어떤 투쟁도 소용없다고 확신하는 태도다.

욥은 성경에서처럼 앞에서 말한 어떤 길로도 들어서지 않는다. 그는 하느님을 부정하지 않으며 그렇다고 체념하지도 않는다. 오히려 자신의 '왜?'라는 질문의 해답을 끈질기게 찾는다. 그를 위로하려고 찾아온 친구들의 말 가운데 제법 그럴듯한 대답은, 인간은 어떤 탓으로 인해 고통받는 것이며 고통은 죄에 대한 징벌이라는 것이다. 이 말이 맞을 수도 있다. 그러나 항상 의로운 사람이었던 욥에게는 아무 의미도 없는 말이다. 게다가 의인의 고통이란 어떤 의미에서는 항상 불의한 것이다.

그리고 성경은 친구들의 해석을 물리친 욥의 정당함을 하느님이 인정하신다고 이야기한다. 실제로 그의 고통은 어떤 탓의 결과가 아니라 하느님께 대한 의인의 충실함을 시험하려는 것이었다. 이와 함께 주님은 욥에게 또 다른 진리를 알아듣게 해 주신다. 고통에 대한 최후의 대답은 전능하신 분의 생각과 마음속에 숨어 있다는 사실이다. 하느님만이 그 마지막 말마디를 간직하고 계시다.

이 모든 것은 우리에게 무엇을 말해 주는가? 물론 욥의 질문은 결정적 대답이 주어지지 않은 채로 남아 있다. 그러나 진정 위로가 되는 것이 한 가지 있다. 인간은 그 자신이 당하고 있는 고통의 이름으로 하느님 앞에 나서고 그분께 질문을 던질 수 있다는 사실이다. '십자가가 있는 곳에 추구하는 인간이 있다'ubi crux, ibi homo quaerens. 인간은 고통에 의해 파괴되지 않는다. 고통은 그를 무無로 돌려 버리는 대신 오히려 위대한 인간이 되게 하며, 인간 자신이 곧장 하느님께 문제를 제기할 수 있는 그지없이 존엄한 존재임을 깨닫게 한다. 고통은 인간이 하느님을 대면할 때조차 누리고 있는 자신의 자유를 자각하도록 돕는다. 그런데 그 이상의 것이 또 있다. 히브리 전통이 역설하는 대로 성경의 하느님이 대답 안에 계시지 않고 질문 안에 계시는 것이 맞다면, 아울러 우리는 이렇게 말해야 할 것이다. '십자가가 있는 곳에 추구하는 인간이 있고, 추구하는 인간이 있는 곳에 하느님이 계시다'ubi crux, ibi homo quaerens, et ubi homo quaerens, ibi Deus.

구약성경에는 고통의 신비와 연관된 또 다른 인물의 표상이
등장한다. '야훼의 종'으로 이사야 예언서에 나오는 그는 무죄한
인물이며 다른 이들의 선을 위해 기꺼이 고통을 당하는 사람으
로 나타난다. 이 인물을 이해하려면 성경적 사고방식의 원리를
유념할 필요가 있다. 거기서는 선 안에서든 악 안에서든 같은 공
동체에 속한 이들 간의 깊은 연대성을 볼 수 있다. 어떤 개인도
그가 속한 집단의 삶이나 운명으로부터 예외일 수 없기에, 한 사
람이 다른 이들을 위해 죽거나 다른 이들의 죄과를 대신 짊어지
거나 모든 이를 위해 생명을 바치는 것은 조금도 놀라운 일이 아
니다. 그러므로 성경은 '타인의 선을 위해' 감수하는, '사랑으로
인한' 고통이 있음을 내다보고 있다. 이런 의미에서 야훼의 종은
자신을 자유로이 희생할 준비가 된 인물로서 하느님의 지극한
자비하심으로 어여삐 여김을 받으며, 하느님께로부터 그의 형제
들에게 베풀어지는 축복을 받게 된다. 그러므로 이렇게 말할 수
있으리라. '십자가가 있는 곳에 사랑하는 인간이 있고, 사랑하는
인간이 있는 곳에 하느님이 계시다'ubi crux, ibi homo amans, et ubi
homo amans, ibi Deus. "애덕과 사랑 있는 곳에 주님 계시도다. …"

고통에 대해 고찰할 때 만나게 되는 세 번째 인물은 바로 그리
스도시다. 전 생애에 걸쳐 주님이신 예수께서는 무엇보다도 고
통의 세계(병자들, 괴로워하는 이들, 악령 들린 이들, 죽은 이들)에 가까이

계셨다. 그분은 단지 고통을 '자원하여 당신 어깨에 짊어지심으로써' 떠맡으셨을 뿐 아니라 그 고통 '안으로 들어가셨고', 사랑 때문에 "고통의 사람, 병고에 익숙한 이"(이사 53,3)가 되셨다. 그러므로 예수 그분이 인간이 되신 하느님이라면 우리는 하느님에 대해 이렇게 말할 수 있다. 하느님은 인간의 동반자가 되시고 당신 사랑과 그들과의 연대를 드러내시기 위해, 예수 안에서 친히 고통당하는 인간을 체험으로 알고자 하신다.

나아가 나자렛 예수는 욥의 체험과 고통받는 야훼의 종의 체험을 자신의 것으로 껴안으면서 고통을 겪는다. 예수는 극적 질문으로 하느님께 탄원한다. "저의 하느님, 저의 하느님, 어찌하여 저를 버리셨습니까?"(마르 15,34). 이것은 고통 중에 있는 모든 이의 처절한 울부짖음을 모조리 끌어안은 질문이다. 그러면서도 신뢰 역시 저버리지 않는다. "제 영을 아버지 손에 맡깁니다"(루카 23,46). 이는 예수가 간직한 불굴의 사랑을 보여 주는 표지다. 그러므로 우리는 마침내 이렇게 말할 수 있다. '십자가가 있는 곳에 추구하시고 사랑하시는 하느님이 계시다'ubi crux, ibi Deus quaerens et amans.

그러나 주 예수의 공헌은 여기서 끝나지 않는다. 그분은 우리에게 고통에 대한 더욱 위대한 해답을 내놓으신다. "그분은 이 물음에 대하여 있을 수 있는 최대의 답을 지니고 계시는"[27] 것이다. 어떤 의미에서 그런가? 그분은 인간 고통의 의미를 변화시키셨다. 여기에는 두 가지 이유가 있다. 1) 다른 무엇보다 십자가에 못 박힌 아들과 더불어 아버지와 성령께서 골고타 언덕 위에 함께 계셨기 때문이다. 십자가는 삼위일체적 사건이니, 아들뿐 아니라 아버지와 성령이 현존하시며 거기에 연루되어 있는 것이다. 그 결과 성금요일 이후, 모든 십자가는 삼위일체 하느님이 찾아오시고 거하시는 자리가 된다. '십자가가 있는 곳에 삼위일체이신 하느님이 계시도다'ubi crux, ibi Deus Trinitas.[28] 2) 그뿐 아니라 그리스도로 인해 모든 고통은 풍성한 열매를 맺고 선을 가져오며, 결코 무의미한 것이 되지 않는다. 하느님이 고통을 직접 겪으신 까닭에, 고통받는 모든 이는 하느님을 반영하며 그럼으로써 거의 하느님의 '성사'가 된다. 십자가에 달리신 그리스도로 인해 고통은 하느님의 마음 한가운데로 들어가게 되고, 하느님은 고통당하는 모든 이의 마음 안으로 들어가시며 그들에게 위대한 '구원의 능력'을 부여하신다.

그러므로 교황 요한 바오로 2세가 상기하듯이, "그리스도의 수난과 더불어 모든 인간 고통이 새로운 상황에 처하게 되었다고 말할 수 있습니다. [···] 인간 고통 자체가 구속되었습니다".[29] 나아가 "고통을 통하여 구속 사업을 완수하신 그리스도께서는 또한 인간 고통을 구속의 차원에까지 들어 높이셨습니다. 이리하여 인각 각자가 자기 자신의 고통을 겪으면서 또한 그리스도의 구속적 고통에 참여하는 사람이 되기도 하는 것입니다".[30]

신앙인들에 의하면 이러한 고통의 새로운 가치를 보증하는 것은 바로 부활이다. 만일 그리스도가 십자가에서 죽음으로써 모든 것이 끝났다면, 고통에 대해 논하는 우리의 온갖 말은 헛공론에 지나지 않는다. 바로 그 부활이 있기 때문에, 죽음에서 일으켜지신 분의 십자가가 선과 생명, 빛과 기쁨의 여명을 향해 인간 역사를 투영하고 역사 안의 모든 십자가를 강하게 비추며 그들에게 당신의 십자가와 같은 치유의 가치를 부여할 수 있는 것이다. 성금요일의 암흑 뒤에는 부활의 새벽이 따르기에 믿는 이들은 이렇게 말할 수 있는 것이다. '십자가가 있는 곳에 영광의 도래가 있도다'ubi crux, ibi adventus gloriae.[31]

지금까지 고찰한 바에서, 우리가 관심을 가지고 있는 성경에 나타난 하느님의 정체성에 대해 중요한 결론을 많이 도출해 낼 수 있다. 이스라엘과 그리스도인들의 하느님은 고통의 신비를 풀 열쇠를 오로지 당신 손안에 쥐고 계신 분이지만, 그렇다고 해서 당신 피조물의 고통을 저 아득히 높은 곳에서 바라보고만 계시는 분은 아니다. 그분은 자비와 연민으로 가득하시다. 어머니가 제 품속의 창조물인 아기에게 가지는 애끓는 사랑을 하느님은 당신 자녀들에게 느끼신다. 그분은 한없는 자애로 고통의 신비 앞에서 당신을 '열어 보이시며' 고통받고 있는 자녀들을 위로하시고, 그들의 고통을 어떤 식으로든 함께 나누고 계시다.[32]

이렇듯 부성적이고 또 모성적이며 사랑 깊은 그분의 모습은 나자렛 예수의 역사와 인격 안에서 정점에 이른다. 그리스도로 인해 하느님은 고통을 대면하고 체험하시면서 그것을 변화시켜 많은 열매를 맺게 하셨다. 그러면서 그분은 인간의 고통에 '근본적 새로움'을 가져오셨고, 십자가에 달리신 분의 상처를 통하여 당신의 영을 '발하심'으로써 모든 인간의 상처가 구원의 원천이 되도록, 그리고 하느님 그분을 만나는 특별한 기회가 되도록 마련하셨다.

이사야 예언자의 한 신탁은 역사의 마지막 날에 하느님이 "죽음을 영원히 없애 버리시리라. … (그리고) 모든 사람의 얼굴에서 눈물을 닦아 주시리라"(이사 25,8)고 선언한다. 이것이 그리스도인들의 확신이다. 그늘로 덮인 현재 저 너머에 기쁨의 미래가 존재한다. 그러나 미래를 기다리는 동안에는 "우는 이들과 함께 울어야 한다". 앞서 언급한 이사야의 말을 해설하는 다음의 진술이 주장하고 있듯이, "눈물 한 방울 흘리지 않은 낯으로 주님을 대면하는 자들에게 재앙이 있을진저! 그들은 자신들이 이 세상의 가난한 이들과 고통받는 이들과 연대해 있음을 알지 못했기 때문이다!"[33] 왜 그런가? 고통당하는 이들에 대해 마음의 문을 닫으면서 바로 하느님 그분을 거절하고 있는 까닭이다. 무엇보다도 십자가 발치에서 당신을 발견하고 만나도록 마련하신 그 하느님을 거부하고 있기 때문이다. 죽음과 어둠 속, 모든 희망이 스러진 그곳에서 생명과 빛과 미래를 주시는 성부와 성자와 성령이신 그분을 말이다.

10장 마리아와 삼위일체

들어가며

마지막 장에서는 믿는 이들의 공동체 안에서 뜨겁게 사랑받는 한 분을 주목해 보자. 그분은 마리아, 하느님의 모친이다.

가톨릭 신자라면 누구나 경험하고 있듯이 마리아에 대해서 말할 때 우리는 언제나 마리아와 그리스도 사이에 존재하는 관계에 대해 특별히 주의 깊게 표현한다. 우리가 나자렛의 한 여인을 떠올릴 때면 자연스럽게 그분을 주님의 '어머니', 그리스도께로 나아가는 '길'로 생각하게 된다. 이유는 아주 쉽게 설명할 수 있다. 신약성경에서 밝히듯이 나자렛 예수와 그의 모친 사이에는 어떤 특별한 관계가 존재한다. 그렇지만 마리아에 대해 고찰할 때 오직 이 관점에만 머무르는 것이 아니라 더욱 나아가야 한다. 가령 제2차 바티칸 공의회는 「교회 헌장」 제8장에서 마리아를 그리스도의 신비에 비추어 살펴보는 것뿐 아니라 교회의 신비와도 연결시켜 고찰한다. 교황 요한 바오로 2세 역시 교서 「구세주의 어머니」[1]에서 마리아를 그리스도와 교회와 연관시켜 설명하고 있다. 그러나 이것으로도 충분치는 않다.

마리아라는 인격이 지닌 아름다움과 위대함, 그분이 우리에게 지닌 중요성을 깊이 이해하기 위해서는 삼위일체이신 하느님의 빛 안에서 고찰할 필요가 있다.[2] "마리아가 지니는 의미는 삼위일체 신비의 전망에서 출발함으로써 결정적 이해에 다다를 수 있다."[3] 왜 그런가?

대답에 앞서 다시 한 번 짚고 넘어가자. '삼위일체의 신비'를 말할 때는 구체적으로 그리스도교의 하느님을 말하는 것이다. 아들과 성령을 보내시고 인간이 "성자 안에서 당신 자녀들이 되도록"(에페 1,3-6) 하시는 아버지, 그리고 파스카 후에 아버지와 아들로부터 인류에게 파견되시고 그럼으로써 만물이 부활하신 분의 새로움으로 인해 변화되어 그 아들을 통해 아버지께 나아가도록 이끄는 위로자 성령을 생각하게 된다. 물론 삼위일체를 고백하는 이는 특별한 방법으로 성자도 생각하게 되는데, 그분은 '우리 인간을 위하여 또 우리 구원을 위하여' 우리 가운데 거처

하시려 내려오신(요한 1,14) 분이기 때문이다. 또 삼위일체를 고백하는 이는 예수 그리스도의 역사와 인격 안에서 실현된 놀라운 계획을 사랑의 마음으로 묵상한다. 삼위일체를 말하는 이는 곧장 예수 그리스도를 말하지 않을 수 없다. 그분으로 말미암아 하느님의 정체성이 완전하게 계시되었고 인간과 그의 주님 사이에 화해가 이룩되었기 때문이다.

이러한 신비와 그에 연관된 역사(신약성경이 증언하고 있는 역사)를 묵상하면서 우리는 특별한 한 인물, 나자렛의 마리아를 발견한다. 이 여인은 누구인가? 나자렛 예수에 의해 선포되고 계시된 하느님과 이분과의 관계는 어떤 것인가? 성부와 성자와 성령인 삼위일체의 빛으로 고찰할 때 드러나는 그분 인격의 특징은 무엇인가? 아버지와 아들과 성령의 공동체가 활동하는 역사의 흐름 안에서 그분이 차지하는 위치는 어디인가?

1. 마리아와 성부

우선 성부와의 관계 안에서 마리아를 고찰하면 그 인격의 두 가지 특징을 발견하게 된다. '순종하는 자녀'의 모습과 하느님과의 '유사함'이다.

마리아는 "성부께서 가장 사랑하시는 딸"(『교회 헌장』 53항)이다. 아버지의 계획에 대한 그분의 수락은 주님의 구원 계획이 실현되는 데 필요 불가결한 전제가 된다. "자비로우신 하느님 아버지께서는 예정된 어머니의 동의가 강생에 앞서 이루어지기를 바라셨다."⁴ 성부에 대한 그분의 능동적 협력이 구원 계획에 필요했던 것이다.⁵ 마리아는 자신을 구원 계획 실현에 참여하도록 초대하심으로써 영예롭게 하신 성부께 사랑에 찬 신앙과 순종으로 응답을 드렸다. 이 응낙 덕분에 성부께서는 세상에 당신 아들을 구세주로 내어 주실 수 있었다. 요한 바오로 2세가 「구세주의 어머니」에서 강조하듯, 마리아는 신앙 안에서 (혹은 하느님 말씀에 대한 순종과 신뢰 어린 경청 가운데) 성부의 초대를 받아들였고 그분의 충실한 딸로서 자신을 투신했다. 마리아는 거룩한 계획에 자신이 온전히 포함되도록 내맡긴 까닭에 '가장 사랑받는 딸'이 된다. 그 신적 계획이 실현되는 때와 방법은 마리아에게 명확히 알려지지 않았으나, 그분은 그 계획의 선함을 의심하지 않는다. 바로 이러한 이유 때문에 예수의 모친(요한 바오로 2세는 거듭 칭한다)은 구원 역사 안에서 아브라함과 비슷한 역할을 맡고 있다. 믿음으로 일관된 마리아의 삶은, 아브라함이 믿음의 아버지였듯이(로마 4,12) 마리아를 모든 시대에 걸쳐 신앙인들의 참된 어머니가 되게 한다.⁶

성부와 연관시켜 마리아를 생각할 때 드러나는 다른 한 가지 측면은 성부와 마리아 사이에 존재하는 유사함이다. 이는 무엇보다도 아버지께서 그러하신 것처럼 마리아도 아들에게 생명을 부여했다는 사실에 기초한다. 아들은 "모든 세기에 앞서 신성으로는"[7] 성부로부터 탄생했고, "마지막 때가 이르러 우리를 위하여 또한 우리 구원을 위하여, 인성으로는 동정녀 마리아에게서"[8] 나신다. 이 두 번째 출생(시간 안에서 이루어진)과 이렇게 출생한 그 아들의 특별한 정체성(성부로부터 나신 영원한 분)으로 인해 교회 공동체는 마리아를 정당하게 "천주의 모친"[9]이라 부를 수 있다고 여겼다. 그분은 하느님의 말씀이신 나자렛 예수의 어머니이기 때문이다.

영원 안에서 거룩한 성부로부터 출생하신 것과 같이, 이제 성자께서는 시간 안에서도 '지극히 거룩한 분'에게서 탄생하신다. 더 나아가, 신성 내적인 생명 안에서 영적 행위(출생: 내적이고 풍요로운 행위)로 말미암아 아들이 아버지로부터 기원하는 것처럼 역사 안에서는 그 아들이 마리아의 신앙 가득한 행동으로 말미암아 '육신'이 되시는데, 이 신앙의 행동이 마리아에게는 영적 행위가 된다.

다른 비슷한 요소가 또 있다. 성부와 마찬가지로 마리아도 모든 피조물이 구원되도록 세상에 자신의 아들을 내어 준다. 또한 그분은 사람들이 성자의 말씀에 귀 기울이도록 그들을 초대하는데("무엇이든지 그가 시키는 대로 하여라": 요한 2,5) 이것 역시 성부께서 행하시는 것과 같다. 성부께서는 예수의 세례 때와 타보르 산에서의 거룩한 변모 때 "이는 내가 사랑하는 아들, 내 마음에 드는 아들이니 너희는 그의 말을 들어라"(마태 17,5)라고 말씀하셨다.

또한 마리아는 성부와 마찬가지로 곤궁한 이들에게 연민을 느끼고 사랑으로 형제들에게 봉사한다.[10] 마치 자비로우신 성부께서 "세상을 너무나 사랑하신 나머지 외아들을 내주기까지 하신"(요한 3,16) 것과 같다. 마침내 십자가의 때에 이르러 마리아는 그토록 사랑하는 자신의 아들을 인류를 위해 '넘겨주며', 십자가에 달린 아들에 대한 동정과 연민으로 가득하신 성부처럼 아들의 고통을 함께 나눈다.

이렇게 마리아의 거룩한 모성은 하늘 아버지의 부성이 창조계 안에 반영된 것이라고 할 수 있다. 현대의 위대한 동방 신학자가 썼듯이, 마리아는 "성부의 신비로운 표상"(P. Evdokimov)이며 인간에 대한 그분 자애의 모상이기도 하다.

지금까지 살펴본 내용을 마무리하면서, 마리아의 모성이 우리가 '형제애 속에 성장하도록' 도전해 오고 있다는 사실도 함께 기억하자. 하느님의 부성이 그렇듯이 마리아의 모성 또한 우리 서로가 '나의 형제'라고 말하도록 우리에게 끊임없이 요청하고 있다. 이것은 우리의 이기주의를 거슬러 일어나는 도전이며, 모든 종류의 폐쇄와 우리 자신 안으로 숨어드는 움츠림에 대한 근본적 변혁이다.

2. 마리아와 성자

성자와의 관계에서도 나자렛의 마리아가 가지는 특징 두 가지를 들 수 있다. '모성'과 '현존'이다.

마리아의 모성에 대해 훌륭하게 고찰한 문헌은 요한 바오로 2세의 「구세주의 어머니」다. 제1부 마지막 부분에서는 마리아가 어머니라는 의미를 여러 가지로 소개한다. 마리아는 무엇보다도 육신적 의미에서 어머니가 되니, 강생하신 말씀의 육신은 바로 "마리아의 살과 피에서 나오셨다".[11] 더 나아가 마리아는 아들에 대한 순종과 경청의 자세로 살았다는 의미에서 '어머니'가 된다. "내 어머니와 내 형제들은 하느님의 말씀을 듣고 실행하는 이 사람들이다"(루카 8,21). 여기서 의미하는 모성은 하느님의 말씀으로 생기를 얻고 자신을 풍성하게 함으로써 이루어지는 풍요로움으로 해석된다. 마지막으로 마리아는 아들과 인류를 위해 노심초사하고 그들을 보살핀다는 의미에서도 어머니다. 이 같은 모성적 측면은 '중재자'라는 칭호로 표현되기도 한다. 이 칭호는 마리아가 우리와 성자 사이에 항구히 자리하고, 인간의 필요를 위해 성자께 간청하며, 성자의 뜻을 인간에게 전해 준다는 사실("무엇이든지 그가 시키는 대로 하여라": 요한 2,5)을 가리킨다.

마리아의 모성은 그분이 성자와 맺고 있는 관계의 또 다른 특징을 이해하도록 도와주는데, 그것은 효력을 지닌 '현존'이다. 나자렛 예수는 탄생의 순간부터 죽음에 이르기까지 어머니의 친밀함과 결정적 현존을 체험했다. 하느님의 아들이 역사 안으로 들어온 결과로 이루어진 구원은 마리아의 모성 덕분이다. "마리아의 모성적 사랑이 없이는, 그리고 하느님 앞에서 기꺼이 스스로 행한 그분의 협력이 없이는, 또 관대한 교육이 없이는 … 예수가 인간의 육신 안에서 하느님의 아들이 되지 못했을 것이다."[12] 더군다나 "예수의 성장 과정에서 마리아는 결정적 역할을 담당했다".[13] 성부께서는 당신 구원 계획에 마리아를 참여시키시면서 마리아의 지성과 감수성과 정서를 신뢰하셨다. 바꿔 말해 나자렛 예수는 마리아의 인간적 탁월함과 은총의 충만함에서 영향을 받아 그 자신의 특출한 인격을 형성해 나간 것이다. 어떤 의미에서는 예수가 골고타 언덕에서 절정에 이르는 성부와 인간 형제들에 대한 자유로운 자기 개방성을 키워 나간 것도 바로 마리아 곁에서, 마리아로 말미암은 것이다.

요한 복음에 의하면 마리아의 효력 있고 의미 있는 현존은 예수의 삶에서 두 차례 분명히 드러난다. 갈릴래아 카나에서 마리아가 첫 번째 기적을 은연중에 간청할 때(요한 2,1-11)와 골고타 언덕에서 아들이 사랑하는 제자에게 어머니를 맡기면서 그분을 모든 믿는 이의 어머니로 세울 때다(요한 19,27). 이 두 번째 사건에서 기억해야 할 것은, 마리아에게 십자가의 때는 단지 인간의 선익을 위해 이를 원하신 하느님께 드리는 자녀다운 순종과 고통스러운 순명의 순간만은 아니라는 사실이다. 그 순간은 사랑과 고통 속에서, 고통 한복판에 있는 아들과 함께하는 동반과 연대의 순간이기도 하다. 인류의 운명에서 결정적인 이 순간에 마리아의 모성 어린 현존은 어떤 보편적 가치를 획득하게 된다. 아들은 죽음을 선고받음으로써 그분에게서 떠나가지만 다른 많은 자녀가 대신 주어진다. "여인이시여, 이 사람이 어머니의 아들입니다"(요한 19,26). 예수가 운명하는 그 시각은 마리아의 모성이 '감소함'을 뜻하지 않고 오히려 한없이 드높여지는 순간이다. 한 아들이 죽고 많은 다른 자녀가 생명으로 되돌아온다. … 땅에 떨어져 죽는 한 알의 밀이 많은 열매를 맺는 것처럼 …(요한 12,24).

그리고 마리아의 육신적 모성이 성령으로 인해 가능해진 것처럼(루카 1,35), 십자가 아래에서 시작된 보편적 모성도 성령의 업적이다.

3. 마리아와 성령

주지하는 대로 "마리아가 모성 안에서 예수의 희생 제사에 자신을 결합시키고 이를 수락한 일은, 오로지 예수 자신이 성령으로 말미암아 성부께 자신을 바칠 수 있었듯이 바로 그 유일하고 똑같은 성령으로 말미암아 가능했다".[14] 다시 말해 예수께서 "영원한 영을 통하여"(히브 9,14), 곧 하느님의 힘과 사랑으로 당신 자신을 바치셨듯이 마리아 역시 이 선물과 관련 없는 방관자가 아니므로 역시 성령 안에서 아들의 봉헌과 깊이 결합되어 있었다.

마리아와 성령의 관계를 가까이서 규명하면, 우선 이 나자렛 여인 안에 임하신 성령의 '능동적 현존'을 이야기하지 않을 수 없다. 마리아는 역사 안에 들어오기 전부터 하느님의 사랑과 지혜로 '배태'되었고 '예견'되었다. 그분은 하느님의 손으로 창조된 '지극히 아름다우신 분'tota pulchra이다. 만물이 아버지에 의해서 아들을 통하여 사랑의 성령 안에서 생겨나고, 그로 인해 그 자신 안에 삼위일체의 흔적을 지니고 있다면 무엇보다도 마리아가 그러하다. 그리고 모든 인간이 '하느님의 모상이며 그분을 닮았다'면 또한 마리아가 그러하니, 그분은 세상에 나면서부터 당신이 완수해야 할 사명에 걸맞게 주어진 특별한 선물들로 충만하기 때문이다. 이러한 선물의 풍성함은 루카 복음이 "은총으로 가득하다"(루카 1,28)고 일컫는 바로 그것이다. 그리고 이는 마리아의 인격이 지닌 아주 특별한 생명의 기운으로, 그 생명의 기운은 성부께서 만물을 새로운 피조물로 변화시키시는 성령의 풍요로운 확산을 통해 이룩하시는 것이다.[15]

마리아 안의 성령의 탁월한 현존은 "말씀이 사람이 되시어"(요한 1,14) 이 나자렛 여인의 품에 잉태되는 순간 더욱 부요하고 풍성해진다. 영원하신 말씀께서 "우리를 위하여 우리 구원을 위하여 하늘에서 내려와 성령으로 인하여 육신을 취하시는"[16] 순간에 마리아는 '하느님의 완전한 성전', 참된 '성령의 지성소'가 되었다.[17]

이러한 생명의 기운은 마리아의 전 생애에 걸쳐 효력을 발휘하면서 지속된다. 그분의 뛰어난 믿음은 성령의 현존을 드러내는 표지다. 그분의 완전한 애덕은 성령의 활동을 반사한다. 마리아와 성자의 일치는 언제나 성령에 의해 중재된다. 십자가 발치에 머무른 마리아의 현존은 성령의 힘으로 가능하다. 마리아 안에 머무르시는 성령의 특별한 현존은 오늘날에도 어떤 식으로든 계속되고 있다. 이 사실은 특히 인류를 위해 행하는 마리아의 모성적 중재를 볼 때 명확해진다.

제2차 바티칸 공의회가 우리에게 환기시키듯이, 바로 이러한 이유들 때문에 "거룩한 교부들 사이에서, 천주의 성모님을 온전히 거룩하신 분이라고 부르던 관습이 널리 퍼졌다는 것은 결코 놀라운 일이 아니다”.[18] 마리아의 인격이 지니는 이 같은 면모를 숙고하면서 성인들과 신학자들은 매우 호소력 있는 표현들을 창안해 냈다. 다마스쿠스의 요한Ioannes Damascenus(8세기경)은 마리아를 ‘성령의 가장 뛰어난 대표작’이라고 단언했다. 9세기경의 베네딕도회 아빠스 파스카시우스 라드베르투스Paschasius Radbertus는 마리아를 “성령의 열기로 하얗게 달아오른 백열白熱”[19]이라고 표현했다.

아직 한 가지 흥미로운 사실이 더 있다. 성령은 예수의 탄생과 오순절 때 교회의 탄생(사도 2장)을 이끌었다. 그런데 마리아는 이 두 탄생 사건에 매우 두드러진 방법으로 현존한다.

마리아 안에 거하시는 성령의 특별한 현존은 주님의 어머니인 분으로 하여금 우리를 위한 성령의 살아 있는 ‘표상’ 또는 ‘모상’이 되도록 한다. 마리아의 인격을 통해서, 그분의 아름다움과 행동과 말을 통해서 “가난한 이의 아버지”, “은총의 주님”, “마음의 빛”, “일할 때의 휴식”, “무더울 때의 바람”, “슬플 때의 위로”[20]이신 분의 빛이 비추인다. 마리아는 “성령의 효력 있고 살아 있는 성사”이며, “성령의 능력이 인격화한 결정체”[21]라고 할 수 있다. 바로 이러한 이유로 믿는 이들의 신앙과 마음 안에서 마리아는 탁월한 위치를 차지하고 있는 것이다.

4. 삼위일체와 역사의 접점이자 연결점인 마리아

마리아는 성부께서 그분을 유일한 소명으로 부르셨기에 가장 사랑스럽고 신뢰받는 그분의 딸이 된다. 마리아는 또한 하느님 아들의 자애롭고 사랑 가득한 어머니이며, 성자는 그분에게서 육신을 취해 탄생하셨고 항구하게 어머니와 일치하여 사셨다. 마지막으로 마리아는 자신을 특별한 선물들로 아름답게 꾸며 주신 성령의 찬란하고 아늑한 지성소가 된다. 그러므로 피에르 드 베륄Pierre de Bérulle 추기경(1575~1629년)이 쓴 대로 마리아는 "그 자체로 세상이며 천국이고, 새 하늘과 새 땅"이다.

하느님의 형용할 길 없는 삼위일체적 생명의 신비에 비추어 볼 때 마리아는 또한 완전한 '신앙인'으로 나타난다. 이는 갈라진 형제들의 교회에서도 기꺼이 강조하고 있는 점이기도 하다. 하느님은 사람들이 사랑과 책임을 가지고 당신 앞에 나서도록, 또 섬기는 마음과 형제애를 가지고 이웃들을 대하도록 그들을 부르신다. 마리아는 자신의 '순종'으로써 하느님의 구원 계획을 완전하게 이루는 피조물이 된다.

마리아의 모성은 하느님 부성의 지극히 뛰어난 반영이며, 한편으로는 그리스도와 떼어 놓을 수 없는 관계의 토대가 된다. 마리아와 성자의 이처럼 밀접한 관계는 가톨릭 전통 안에서 여러 번 강조되었다. '마리아를 통하여 예수께로'ad Jesum per Mariam라는 표어가 그것이다. 마리아 공경의 전통 역시 동방 그리스도 교회와 서방 가톨릭교회에 언제나 널리 퍼져 있었는데(세계 곳곳에 있는 수많은 마리아 성지를 보아도 알 수 있다), 이러한 마리아 공경은 교황 바오로 6세가 사도적 권고 「마리아 공경」Marialis cultus에서 지적하고 있듯이 그리스도론적으로 두드러진 중요성을 지닌다.[22]

마지막으로 마리아는 동방교회의 전통이 자주 언급하는 것처럼 성령의 반영이자 표상이다. 성령과 마리아가 함께 이룩한 업적은 세상에 생명과 일치를 선사한다.

다른 것들은 차치하고 이 같은 모든 이유 때문에라도 마리아가 삼위일체의 신비 안으로 직접 '진입'한 유일한 주인공이라고 말할 수 있는 것이다. 말씀의 강생을 보아서나 또 "마리아의 영적 삶은 … 세 분 신적 위격과의 내밀한 관계를 살아가는 삶이 되었다"[23]는 사실을 보아서도 그렇다.

주님의 어머니인 마리아가 삼위일체의 실재 안에 진입한 이 특별한 사실은 '우리를 위해' 중요한 파급효과를 지닌다. 어느 날 마리아의 '피앗'fiat으로 말미암아, 그전에는 감추어져 알 수 없었던 하느님의 생명이 우리 역사 안에 드러나고 현존하게 되었다. 이 나자렛 여인의 순종과 응답으로 성자께서 사람이 되시어 역사 안으로 들어오셨고, 그분과 더불어 보이지 않는 하느님과 위로자 성령께서도 역사 안에 드러나셨다. 또 마리아의 순종 덕분에 인간 역사가 삼위일체 하느님의 생명 안으로 들어가는 일이 가능해졌다. 실상 하느님의 성자와 마리아로 말미암아, 모든 인간은 성령 안에서 '하늘에 계신' 아버지의 자녀가 되도록 부름 받는다.

성령 안에서 마리아는 하느님과 인간이 유일한 방법으로 만나는 지성소다. 이는 강생의 순간에, 곧 마리아의 흠 없는 태중에서 창조주께서 당신 피조물과 결합하실 때 일어난다. 어떻게 보면 이 일은 오늘도 여전히 이루어지고 있다.

그러므로 이렇게 생각할 수 있겠다. 성부의 영원한 계획 안에서 혹은 때가 찼을 때(곧 성자께서 역사 안에 들어오셨을 때: 갈라 4,4), 그리고 마침내 "하느님께서 모든 것 안에서 모든 것이 되실"(1코린 15,28) 날에, 마리아는 삼위일체와 역사, 지극히 높으신 분과 피조물, 신적 전능함과 인간적 무력함이 만나는 '한 만남의 지점'이 되도록 정해졌고 그렇게 의도되었다. 마리아는 삼위일체와 역사의 만남이 이루어지는 '자리'로, 그 안에서 하느님과 인간이 만나 포옹하며 입 맞추는 곳이다. 마리아는 '온전히 거룩한 분'으로, 삼위일체의 사랑 안에서 우리를 다시 회복시키는 은총으로 충만한 인물이다. 성자의 탄생 예고 때 천사가 말한 것처럼(루카 1,28) 주님이 그분과 함께 계시니, 곧 성부와 성자와 성령께서 함께 계시는 것이다. "마리아는 하느님 아버지께 가장 고귀한 딸이며 … 하느님 성자께 참으로 합당한 어머니이며 … 하느님 성령께 지극히 아름다운 신부다."[24]

우리 믿는 이들은 마리아를 성령께서 "삼위일체를 새겨 넣으신"[25] 여인으로 존경한다. 그리고 '하느님의 자녀들'이 되라는 우리 소명에 걸맞게 살아가도록 그분이 우리에게 자애로이 영향을 미치고 있음을 느낀다. 실상 "마리아는 사랑 어린 순종과 순종을 통한 사랑을 보여 준 인물이다. 교회가 마리아를 닮은 모습으로 형성되고 그리스도인이 자기 개방과 섬김, 겸손과 아낌없는 나눔의 질서 속으로 들어가게 되는 것은 바로 마리아와 같은 근본적 태도를 가짐으로써 이루어진다".[26]

마리아의 신비, '온 삼위일체의 고귀한 향연의 자리'totius Trinitatis nobile triclinium[27]이신 그분의 신비를 묵상하노라면, 믿는 이들은 삼위일체이신 하느님을 기리고 찬미하지 않을 수 없음을 깨닫는다. 그 하느님은 마리아를 예정하시고 원하시고 사랑하셨으며, 그분을 창조하시고 부르신 성부이시다. 한편 그 하느님은 마리아에게서 육을 취하시고 탄생하셨으며 어머니와 함께 역사의 여정을 걸어가시고, 그분으로부터 '죽기까지, 십자가에 죽기까지' 아버지께 순종하는 법을 배우신 성자이시다. 또한 그 하느님은 마리아를 '은총이 가득한' 분, 당신 사랑과 권능의 찬란한 지성소, 어머니로서 효력을 지닌 구원의 중재자, 영원과 시간이 만나는 접점이요 연결 고리가 되게 하신 성령이시니, 삼위일체이신 하느님께 영광을 드릴 수밖에 없는 것이다.

옮기고 나서

부족한 문장력으로나마 이 작은 책을 번역했다. 동기는 저자와 다르지 않다. 어떻게 하면 우리 하느님의 삼위일체 신비를 좀 더 이해하기 쉽게 풀어서 설명할 수 있을까 하는 마음에서다. 사실 교의나 신학의 제반 논제는 일반 신자나 신학 초심자들에게는 여간 어려운 것이 아니다. 그 철학적 사고 과정에 익숙해지는 데 시간이 걸리기 때문이다. 역자도 신학 공부를 하면서 이 점을 뼈저리게 느꼈다. 그래서 저자의 의도에 완전히 공감할 수 있었고 이 책을 번역하기에 이른 것이다.

이 책을 통해 이 같은 어려움을 해결해 보고자 한다. 난해한 용어와 철학적 개념을 최대한 줄이면서, 성경과 초세기 증언들을 바탕으로 한 교의 성립 과정을 큰 줄기를 따라 짚어 볼 수 있을 것이다. 삼위일체 교의가 실제 신앙생활에서 지니는 실천적 측면 역시 중요하게 다룬다. 책의 분량도 전문 신학 서적처럼 무시무시하지 않다. 독자 입장에서 이 책을 선택하는 데 가장 큰 장점이 되리라 생각하는 바다.

물론 쉽게 푼다고 절대로 완전히 이해할 수 없는 것이 삼위이신 한 분 하느님의 신비다. 그러나 신학적 논의의 장 바깥에서는 언제나 '어렵기 그지없는 믿을 교리'로 남아 있게 마련인 삼위일체 교의를 신자들이 조금이나마 더 이해하고 사랑하는 데 이 책이 도움이 되기를 바란다.

2011년 8월
이현미 수녀

주

1장 하느님을 말하다

1 *Oratio de fide*, 4: KKV 37.

2 *In Boeth. de Trinit.* Prooem., q.2, a.1, ad 6[um].

3 1968년 7월 10일 강론.

4 O. CLÉMENT, *Sources. Les mystiques chrétiens des origines*, Stock, Paris 1982, 167에서 인용.

5 *La novità dello spirito*, Àncora, Milano 1982[2], 9.

6 이는 토마스 아퀴나스가 단언한 바 있다. "신앙인의 행위는 진술에서 그치지 않고 실재를 향해 나아간다"(actus credentis non terminatur ad enuntiabile, sed ad rem: *Summa Theologiae*, II-II[ae], q.1, a.2, ad 2[um]).

7 「계시 헌장」 2항 참조.

8 *Summa Theologiae*, I[a], q.32, a.1, ad 3[um].

9 G. GUTIERREZ, *Parlare di Dio a Partire dalla sofferenza dell'innocente. Una riflessione sul libro di Giobbe*, Queriniana, Brescia 1987[2], 58.

10 같은 책 202.

11 이 주제에 관한 예로 A. DEL NOCE, *Il problema dell'ateismo*, il Mulino, Bologna 1990[4] 참조.

12 DS 3016.

13 「계시 헌장」 2항 참조.

14 「계시 헌장」 5항 참조.

15 「교회 헌장」 12항.

16 「계시 헌장」 8항.

17 「계시 헌장」 10항.

18 「계시 헌장」 2항과 4항 참조.

19 K. Barth, *Kirchliche Dogmatik*, vol.IV, t.1, Evangelischer Verlag, Zollikon-Zürich 1953, 203.

20 *L'uomo non è solo*, Milano 1970, 135.

21 회칙 「주님의 교회」(*Ecclesiam suam*) in *Acta Apostolicae Sedis*, 56 (1964) 640-641.

22 *Werke*, vol.III, München 1963, 71; E. Schillebeeckx, *Gesù, la storia di un vivente*, Queriniana, Brescia 1976, 714에서 재인용.

2장 구약성경을 통해 드러난 하느님

1 이 장에 대한 전반적 참고서: H. Cazelles, *La Bibbia e il suo Dio*, Borla, Roma 1991.

2 「계시 헌장」 11항.

3 이하의 내용에 대해서는 다음을 참조하라. J. Coppens (a c. di), *La notion biblique de Dieu. Le Dieu de la Bible et le Dieu des philosophes*, Duculot, Gembloux 1976, 특히 63-228; A. Deissler, *L'autorivelazione di Dio nell'Antico Testamento*, in J. Feiner - M. Löhrer (a c. di), *Mysterium salutis. Nuovo corso di dogmatica come teologia della storia della salvezza*, vol.II, t.1, Queriniana, Brescia 1969, 285-344.

4 J. Coppens, *La notion vétérotestamentaire de Dieu, Position du problème*, in Id. (a c. di), *La notion biblique de Dieu*, 63-76에서 인용.

5 L. Serenthà, *Attributi di Dio*, in *Dizionario teologico interdisciplinare*, vol.1, Marietti, Casale Monferrato 1977, 462.

6 *Il messaggio dei profeti*, Borla, Roma 1981, 9.

7 같은 책 12.

8 같은 책 13.

9 L. Serenthà, *Attributi di Dio*, 465에서 인용.

3장 신약성경에 나타난 하느님

1 K. Rahner, *Theós nel Nuovo Testamento*, in *Saggi teologici*, Ed. Paoline, Roma 1965, 505.

2 같은 책 545.

3 「계시 헌장」 4항.

4 W. Pannenberg, *Cristologia*, Morcelliana, Brescia 1974, 198(굵은 글꼴은 저자 강조).

5 B. Maggioni, *La Trinità nel Nuovo Testamento*, in *La Scuola Cattolica*, 1 (1990) 11.

6 같은 책 13.

4장 예수의 하느님은 아버지와 아들과 성령이시다

1 B. Maggioni, *La Trinità nel Nuovo Testamento*, 19에서 인용.

2 K. Rahner, *Theós nel Nuovo Testamento*, 551에서 인용.

3 E. Schweizer, *Pneûma, pneumatikós,* in *Grande Lissico del Nuovo Testamento,* vol.X, 946-1097, 해당 부분은 946-947.

4 Y. Congar, *Credo nello Spirito santo,* 1. *Rivelazione e esperienza dello Spirito,* Queriniana, Brescia 1981, 54.

5 같은 곳.

6 R. Penna, *Lo Spirito di Cristo. Cristologia e pneumatologia secondo un'originale formulazione paolina,* Paideia, Brescia 1976, 234.

7 같은 책 264.

8 같은 책 295.

9 W. Thüsing, *Per Christum in Deum. Studien zum Verhältnis von Christozentrik und Theozentrik in den paulinischen Hauptbriefen,* Münster 1969², 155.

10 R. Penna, *Lo Spirito di Cristo,* 298에서 인용.

11 같은 책 300.

12 Y. Congar, *Credo nello Spirito santo,* 66에서 인용.

13 A. Milano, *Considerazioni metodologiche sulla pneumatologia del Nuovo Testamento,* in *Annali dell'Università di Lecce - Facoltà di Lettere e Filosofia,* vols.VIII-X (1977~1980) *Studi in onore di Mario Marti,* Congedo, Lecce 1981, 455-493, 해당 인용 부분은 488.

5장 삼위일체 체험에서 삼위일체 교의로: 성자 예수 그리스도의 신비

1 VII, 1.

2 *Prima apologia,* 6.

3 *Dimostrazione della predicazione apostolica,* 3.

4 *Prima apologia,* 65.

5 *Contra Noetum*, 18: PG 10, 380 B.

6 *Pedagogo*, 1. III, c.12, 101, 2: SC 158, 189.

7 *De oratione*, 57: PG 11, 561 A.

8 *Lettera ai Corinti*, 46, 6: SC 167, 177.

9 *Dimostrazione della predicazione apostolica*, 5: SC 62, 37.

10 *Contro le eresie*, IV, 6, 7: SC 100, 455.

11 사실 이 표현은 182년에 안티오키아의 테오필루스(Theophilus Antiochenus)에 의해 이미 사용되었으나, 정통 교의와 부합하는 의미가 아니었다.

12 G. PRESTIGE, *Dio nel pensiero dei Padri*, EDB, Bologna 1969, 97.

13 '이단'(haeresia)이라는 용어 자체가 그리스어의 *airéo*에서 유래한 것으로, 이 그리스어 단어는 (진리의 일부분을) '없애다', '제거하다'의 뜻을 가진 동사다.

14 F. COURTH, *Il mistero del Dio Trinità*, Jaca Book, Milano 1993, 162.

15 이에 대한 전형적 사례로는 오리게네스의 삼위일체에 대한 고찰을 들 수 있다. 그의 저술에서 어떤 부분은 계시된 내용에 완벽한 충실함을 보여 주지만, 다른 한편으로는 문제를 내포한 진술 또는 신학적 관점에서 상당히 위험한 내용을 포함한 부분을 보게 된다.

16 DS 125.

17 T. CAMELOT, *Le dogme de la Trinité. Origine et formation des formules dogmatiques*, in "Lumière et vie", 30 (1956) 30.

18 W. KASPER, *Gesù il Cristo*, Queriniana, Brescia 1975, 245.

19 F. BOLGIANI, *La théologie de l'Esprit saint. De la fin du Ier siècle après Jésus Christ au Concile de Constantinople (381)* in "Les Quatres Fleuves", 9 (1979) 33-72, 해당 부분 인용은 57.

1 *Tomo agli antiocheni*, 5-6.

2 예를 들면 일리리아(Illiria) 지역 공의회(371년)가 있다.

3 이런 신학자 가운데 살라미스의 에피파니우스(Epiphanius Salamiensis)가 있다. 저술 *Anchoratus*(373~374년경)에서 이 같은 내용이 드러난다.

4 F. BOLGIANI, 같은 논문 63.

5 *Lettera* 214.

6 *Lettera* 38.

7 374~375년경 저술.

8 *Sermo* 40.

9 *Sermo* 31.

10 F. BOLGIANI, 같은 논문 66.

11 *A Eustathium, de Trinitate, Epistola* 189.

12 F. BOLGIANI, 같은 논문 68.

13 특기할 것은, 신앙고백에서 '주님이신 성령을 믿는다'라고 할 때 그리스어로 중성명사인 *to kyrion*을 사용한다는 것이다. 더 정확한 어법으로 보이는 남성명사 대격 *ton kyrion*는 사용하지 않는다. 이는 성령을 유일한 주님이신 예수 그리스도로부터 구별하기 위한 것이다. 오르티즈 데 우르비나(I. Ortiz de Urbina)는 이 단어를 번역하면서 "주님의 범주에 속하신 분, 곧 '주님의 품위를 지니신 분'"이라는 용어를 제안한다(*Nicée et Constantinople*, Paris 1963, 194).

14 A. PATFOORT, *Il mistero del Dio vivente (ad usum privatum studentium)*, Roma 1983[4], 197.

15 G. PRESTIGE, *Dio nel pensiero dei Padri*, 253에서 인용.

16 J.N.D. KELLY, *Il pensiero cristiano delle origini*, EDB, Bologna 1984[2], 325.

17 같은 책 333.

18 *De Trinitate*, 8,1.

19 J.N.D. KELLY, *Il pensiero cristiano delle origini*, 33에서 인용.

20 이를 삼위일체 신학에서 일컬어 '특성 적용'(appropriatio)이라고 한다.

21 J.N.D. KELLY, *Il pensiero cristiano delle origini*, 336에서 인용.

22 Y. CONGAR, *Credo nello Spirito santo. III. Il fiume di vita* (Ap 22,1) *scorre in Oriente ed in Occidente. Teologia dello Spirito santo*, Queriniana, Brescia 1983, 96.

23 *De Trinitate*, VI, 5,7.

24 같은 책 XV, 17,29.

25 한 예로 피렌체의 산타 마리아 노벨라 성당(la chiesa di Santa Maria Novella)에 있는 마사치오(Masaccio)의 '삼위일체'를 들 수 있다.

26 DS 152-177.

27 DS 800.

28 DS 850.

29 DS 1300-1302.

30 Y. CONGAR, *Credo nello Spirito santo*, 제3권 부제(副題) 인용.

31 DS 1331.

32 DS 75.

7장 삼위일체와 역사

1 G.M. SALVATI, *Dimensione trinitaria della creazione*, in AA.VV., *La creazione. Dio, il cosmo, l'uomo*, Studium, Roma 1990, 65-93 참조.

2 B. DE MARGERIE, *La Trinité chrétienne dans l'histoire*, Beauchesne, Paris 1975, 256.

3 *Summa Theologiae*, Iª, q.45, a.6.

4 N. Camilleri, *Il mistero della creazione alla luce del mistero della Trinità*, in "Salesianum", 2 (1974) 173-209; 같은 책 4 (1974) 533-565 참조.

5 예를 들어 사도 4,24; 에페 3,9; 히브 1,2 참조.

6 「니케아 신경」(325년): DS 125.

7 "생명의 샘이시며 지선하신 아버지께서는 만물을 창조하시어 온갖 복을 가득히 내려 주시고 밝은 빛으로 기쁨을 주시나이다 …"(「로마 미사 경본」 성찬기도 제4양식).

8 Thomas Aquinas, *Contra gentes*, I, 413; *1 Sent.*, 27,2,2,2, ad 3[um].

9 G.M. Salvati, *Crisi ecologica e concezione cristiana di Dio*, in "Sapienza", 2 (1990) 145-160.

10 Augustinus, *De civitate Dei*, 11,18; PL 41,332. 아우구스티누스는 또한 '만물의 음률'(*Carmen universitatis*)에 대해서도 말한다(*De musica*, 6,11,29: PL 32,1179 참조).

11 "세상의 모든 피조물은 우리에게 마치 책과 그림, 그리고 거울과 같다" (Omnis mundi creatura/ quasi liber et pictura/ nobis est et speculum) (Alanus de Insulis: PL 210,579).

12 대 바실리우스는 성령 덕택으로 피조물의 완성 혹은 영속성과 조화가 실현되었다고 한다. "실상 존재들의 유일한 원리, 아들을 통하여 창조하시고 성령을 통하여 완성하시는 분 외에는 존재하지 않는다"(*Trattato dello Spirito santo*, cap.16, par.38).

8장 삼위일체와 구원

1 B. Maggioni, *La Trinità nel Nuovo Testamento*, 10에서 인용.

2 H.U. von Balthasar, *Mysterium paschale*, in *Mysterium salutis*, vol.6, Queriniana, Brescia 1971, 171-412; G.M. Salvati, *Teologia tri-*

nitaria della croce, LDC, Leumann (To) 1987 참조.

3 F.X. DURRWELL, *La resurrezione di Gesù mistero di salvezza*, Ed. Paoline, Roma 1969[3].

4 P. CODA, *Evento pasquale. Trinità e storia*, Città Nuova, Roma 1984.

5 C. MOLARI, *Salvezza*, in G. Barbaglio - S. Dianich (a c. di), *Nuovo dizionario di teologia*, Ed. Paoline, Roma 1979[2], 1397-1438, 해당 인용 부분은 1424.

6 J.D. ZIZIOULAS, *Cristologia, pneumatologia e istituzioni ecclesiali: per un punto di vista ortodosso*, in G. Alberigo (a c. di), *L'ecclesiologia del Vaticano II: dinamismi e prospettive*, EDB, Bologna 1981, 111-127, 해당 인용 부분은 117 .

7 *Summa Theologiae*, I-II[ae], q.106, a.1.

9장 삼위일체 체험의 자리

1 「교회 헌장」 4항; S. CYPRIANUS, *De Orat. Dom.*, 23: PL 4,553.

2 「교회 헌장」 3항 참조.

3 「교회 헌장」 9, 49, 59항; 「전례 헌장」 26항; 「사목 헌장」 42, 45항.

4 *Summa Theologiae*, I, q.27, a.4.

5 같은 책 q.37, a.1.

6 「교회 헌장」 1항.

7 「교회 헌장」 1, 4, 13항; 「일치 운동에 관한 교령」 2항.

8 S. DIANICH, *Comunità*, in G. Barbaglio - S. Dianich (a c. di), *Nuovo dizionario di teologia*, 148-165 참조.

9 P. NAUTIN, *Je crois en l'Esprit Saint dans l'Eglise pour la Résurrection de la chair. Étude sur l'histoire et la théologie du Symbole*, Paris 1947 참조.

10 「교회 헌장」 8항.

11 L. BOUYER, *L'Eglise de Dieu. Corps du Christ et Temple de l'Esprit*, Cerf, Paris 1970, 618.

12 F. LAMBIASI, *Lo Spirito santo: mistero e presenza*, EDB, Bologna 1987, 295-310.

13 「교회 헌장」 53항.

14 「교회 헌장」 56항.

15 「교회 헌장」 64항.

16 「교회 헌장」 9항.

17 「교회 헌장」 48-51항.

18 W. KASPER, *La Chiesa come sacramento dello Spirito*, in W. Kasper - G. Sauter, *La Chiesa luogo dello Spirito*, Queriniana, Brescia 1980, 92.

19 같은 곳.

20 같은 책 96.

21 「계시 헌장」 12항.

22 「교회 헌장」 48항.

23 S. MARSILI, *La liturgia, momento storico della salvezza*, in AA. VV., *Anàmnesis. Introduzione storico-teologica alla Liturgia*, vol.1, *La liturgia, momento della storia della salvezza*, Marietti, Torino 1974, 33-156, 해당 부분은 105.

24 C. VAGAGGINI, *Il senso teologico della liturgia*, Ed. Paoline, Roma 1965[4], 209.

25 같은 곳.

26 「구원에 이르는 고통」 4항.

27 「구원에 이르는 고통」 18항.

28 G.M. SALVATI, *Teologia trinitaria della croce*, 107-149 참조.

29 「구원에 이르는 고통」 19항.

30 같은 곳.

31 만일 그리스도의 삶과 인간 역사의 마지막 말이 부활이라면, 고통은 또한 대항하여 '투쟁'해야 할 어떤 것이다. 삶에 대한 그리스도교적 전망에 의하면, 인간은 기쁨과 영광, 평화로 운명 지어졌다. 따라서 언제나 고통의 온갖 신격화를 금해야 한다. 성경의 계시에 따르면, 하느님께서는 존재의 짐을 지우기 위해 인간을 지어내신 것이 아니라 당신과의 영원하고 복된 친교로 이끄시기 위해 지어내셨다는 사실이 분명히 나타나 있다. 하느님께서는 인간을 비탄의 눈물이나 괴로움이나 죽음이 없는 존재로 지어내셨다. 이 사실로부터 두 가지 책무가 연유한다. 우선 연대성의 책임이다. 부와 권력이 갈라놓은 인간들 사이를 십자가가 하나로 일치시킨다. 그러므로 신앙의 인간은 고통당하는 이들과 함께 고통스러워하고 그들과 함께 고통을 감수해야 하며, 그들의 삶에 현존하고 그 여정에 동반자가 되어야 한다. 복음은 고통 중에 있는 이들에게나 고통을 대면한 이들에게나 고통에 대한 어떤 수동적 처신에 동의하지 않는다. 오히려 반대로, 복음은 매우 아름답고 중요한 선언을 하고 있다. 영원한 생명을 얻는 것은 전적으로 고통 중에 있는 이들과의 연대성 실현 여부에 달려 있다는 것이다. "내 아버지께 복을 받은 이들아, 와서, 세상 창조 때부터 너희를 위하여 준비된 나라를 차지하여라. 너희는 내가 굶주렸을 때에 먹을 것을 주었고 …"(마태 25,31 이하). 이것은 고통과 투쟁하는 첫 번째 방법이다. 또 다른 책무는 고통의 모든 원인을 찾아내고 제거하는 것이다. 복음에서 표상을 빌려 온다면, 모든 이는 "착한 사마리아인"(루카 10,30-37)이 되도록 부름 받았다. 그는 고통 속에 있는 이를 "지나쳐 버리지 않고" 발길을 멈춰 구원의 도움을 베푼다. 성경이 묘사하는 이 사마리아인의 모습처럼 연대감을 지닌 이런 태도는 "정신문화와 보편적 인간 문명의 본질적 요소의 하나"(「구원에 이르는 고통」 29항)가 되어야 한다.

32 G.M. SALVATI, *Il mistero della sofferenza di Dio. Alcune riflessioni teologiche*, in "La sapienza della croce", 4 (1987) 320-331.

33 G. Gutierrez, *Parlare di Dio a Partire dalla sofferenza dell'innocente. Una riflessione sul libro di Giobbe*, Queriniana, Brescia 1987², 202.

10장 마리아와 삼위일체

1 1987년 3월 25일 선포.

2 G.M. Salvati, *Maria e il Dio trinitario*, in "La sapienza della croce", 3 (1988) 179-191.

3 X. Pikaza, *Maria y el Espíritu (Hech 1,14). Apuntes para una mariología pneumatológica*, in "Estudios trinitarios", 14 (1981) 3-82, 해당 인용 부분은 75.

4 「교회 헌장」 56항.

5 「교회 헌장」 63항 참조.

6 각주 12-19 참조.

7 칼케돈 공의회(451년): DS 301.

8 같은 곳.

9 에페소 공의회(431년): DS 251.

10 루카 1,39 이하(엘리사벳 방문); 요한 2,1 이하(카나의 혼인 잔치) 참조.

11 「구세주의 어머니」 20항.

12 X. Pikaza, 같은 논문 77.

13 같은 논문 78.

14 A. Amato, *Spirito santo*, in S. De Fiores - S. Meo (a c. di), *Nuovo dizionario di mariologia*, Ed. Paoline, Cinisello Balsamo 1985, 1327-1362, 해당 인용 부분은 1340.

15 「교회 헌장」 56항.

16 「콘스탄티노플 신경」: DS 150.

17 「교회 헌장」 53항.

18 「교회 헌장」 56항.

19 G.M. Roschini, *Il Tuttosanto e la Tuttasanta. Relazioni tra Maria Santissima e lo Spirito santo*, parte II: *Sintesi dottrinale*, Roma 1977, 145 에서 인용.

20 성령강림대축일 부속가.

21 X. Pikaza, 같은 논문 81.

22 1974년 2월 2일 발표.

23 E. Mura, *Prediletta dalla Trinità*, in "Rivista di vita spirituale", 35 (1981) 245-254.

24 Corrado di Sassonia (XIII sec.) *Speculum Beatae Mariae Virginis*.

25 Caterina da Siena, *Orazione* XI, Nel giorno dell'Annunciazione, in Id., *Le orazioni*, a c. di G. Cavallini, Edizione Cateriniane, Roma 1978, 122.

26 A. Amato, 같은 책 1352.

27 톨레도의 일데폰수스(Ildefonsus Toletanus, 7세기경)의 저작으로 추정되는 *Libellus de corona Virginis*의 찬미가에 나오는 표현이다.

주세페 마르코 살바티 Giuseppe Marco Salvati

도미니코회 사제. 교황청 성 토마스 데 아퀴노 대학Pontificia Università S. Tommaso d'Aquino(Angelicum) 교의신학 교수이다. 교황청 로마 신학 학술원Pontificia Accademia Teologica Romana 회원으로 삼위일체론 분야에서 많은 저술과 논문을 출판했다.

이현미

포교 성 베네딕도 수녀회 대구 수녀원 수녀. 교황청 성 토마스 데 아퀴노 대학 신학과를 졸업하고 교황청 성서 대학Pontificio Istituto Biblico 대학원에 재학 중이다.